Rehab Shendi

Personalização em tempo de execução de CPUs de núcleo macio em FPGA

Rehab Shendi

Personalização em tempo de execução de CPUs de núcleo macio em FPGA

ScienciaScripts

Imprint

Cover image: www.ingimage.com

This book is a translation from the original published under ISBN 978-3-330-33212-6.

Publisher:
Sciencia Scripts
is a trademark of
Dodo Books Indian Ocean Ltd. and OmniScriptum S.R.L publishing group

120 High Road, East Finchley, London, N2 9ED, United Kingdom
Str. Armeneasca 28/1, office 1, Chisinau MD-2012, Republic of Moldova, Europe
Managing Directors: Ieva Konstantinova, Victoria Ursu
info@omniscriptum.com

Printed at: see last page
ISBN: 978-620-8-39568-1

Resumo

CUSTOMIZAÇÃO EM TEMPO DE EXECUÇÃO
DE UMA CPU SOFT-CORE NUM FPGA
Rehab Abdullah Shendi

No domínio dos Field Programmable Gate Arrays (FPGAs), estão a ser cada vez mais utilizados processadores soft-core específicos do cliente, nos quais as instruções podem ser integradas num sistema como hardware de aplicação. Em particular, a reconfiguração parcial em tempo de execução de FPGAs em processadores especializados para um determinado domínio pode ser muito vantajosa. Este relatório aborda a conceção e a implementação da adaptação de um processador MIPS de núcleo macio utilizando uma FPGA e a reconfiguração parcial (PR) da tecnologia FPGA para obter uma utilização eficiente dos recursos. Isto pode ser conseguido utilizando um processo de conceção PR que ajuda a encaixar a conceção num dispositivo mais pequeno. Além disso, o impacto do consumo de energia estático pode ser reduzido através da reconfiguração em tempo de execução. Isto será conseguido através de comandos configuráveis definidos pelo utilizador, que serão implementados em hardware como uma extensão do CPU MIPS. O objetivo deste projeto é investigar a RP da FPGA para adaptações em tempo de execução de um conjunto de instruções de um CPU soft-core, incluindo a integração de instruções definidas pelo utilizador e explorando o potencial da utilização da funcionalidade MultiBoot disponível nas FPGAs Xilinx para realizar o processo de RP. O sistema será avaliado e testado numa placa de desenvolvimento Nexus 3 com uma FPGA Xilinx Spartran-6. O sistema será capaz de carregar dinamicamente instruções personalizadas reconfiguráveis em programas de utilizador utilizando o manipulador de armadilhas quando a instrução personalizada é chamada pela CPU MIPS. Os resultados desta experiência mostram que as instruções definidas pelo utilizador em hardware podem acelerar uma determinada função e que se podem poupar muitas instruções em comparação com uma implementação em software da mesma função. A implementação de instruções definidas pelo utilizador em hardware é inteiramente possível e deve ser objeto de mais investigação.

Agradecimentos

Gostaria de agradecer ao meu orientador de tese, Dirk Koch, por me ter dado a oportunidade de trabalhar na minha área preferida e de sonho da informática: a Engenharia de Sistemas Informáticos. As suas notáveis estratégias de ensino e orientação permitiram-me dar o melhor de mim desde o primeiro dia; sem ele, este sonho não se teria tornado realidade. Gostaria também de agradecer especialmente aos meus pais, às minhas irmãs e à minha pequena família - Fahad, Qusai e Retal - pela sua ajuda e encorajamento ao longo dos meus estudos. Agradeço também aos meus amigos pelo seu apoio.

Dedicação

Do meu coração para o meu irmão - estás sempre presente no meu coração e nos meus pensamentos. Sentirei sempre a tua falta, meu melhor amigo.

Capítulo 1

1 Introdução

Os FPGAs (Field *Programmable Gate Arrays*) tornaram-se cada vez mais populares na última década, uma vez que permitem aos programadores criar projectos digitais complexos com baixos custos de implementação. Em contrapartida, os circuitos específicos da aplicação (ASIC) têm custos iniciais elevados e exigem uma grande quantidade de recursos para criar projectos complexos.

Os FPGAs modernos ocupam atualmente posições centrais na indústria devido à sua capacidade para mais de 1000 multiplicadores, megabytes de memória on-chip, centenas de milhares de células lógicas e velocidades de relógio até meio gigahertz. Além disso, o custo por função nos FPGAs diminui significativamente ao longo do tempo (Koch, 2013).

A reconfiguração parcial (PR) é uma das caraterísticas mais importantes dos FPGAs modernos, fornecida pelo fornecedor de FPGA Xilinx. Permite que os módulos em execução numa FPGA se reconfigurem e troquem dinamicamente durante o tempo de execução, enquanto outros módulos continuam a funcionar. A RP é um tema de investigação interessante para estudantes e investigadores no domínio da computação reconfigurável e do hardware adaptável. Os FPGAs são menos eficientes do que os ASICs em termos de área, consumo de energia e velocidade; no entanto, é possível torná-los mais eficientes do que um sistema estático se todo ou parte do hardware for reconfigurado em tempo de execução pela operação em tempo de execução.

A adição de instruções personalizadas a um conjunto de instruções de núcleo flexível para acelerar a execução de uma aplicação num domínio específico pode oferecer enormes benefícios em termos de relações públicas. Estes benefícios incluem a integração de módulos reconfiguráveis de diferentes tamanhos no sistema, que podem ser colocados numa FPGA em tempo de execução, bem como a capacidade de comunicar eficientemente com o resto do sistema e evitar atrasos adicionais. Este projeto apresenta a extensão de um conjunto de instruções MIPS soft-core personalizado utilizando PR. O objetivo deste projeto é investigar a utilização eficiente da reconfiguração parcial do tempo de execução com uma biblioteca de extensão do conjunto de instruções do processador.

Este capítulo contém informações básicas sobre o projeto. A secção 1.1 descreve os objectivos do projeto e a secção 1.2 apresenta a estrutura do relatório.

1.1 Objetivo e finalidade

O objetivo deste projeto é investigar a reconfiguração parcial (RP) de FPGAs para ajustes de execução do conjunto de instruções de processadores soft-core, incluindo a integração de instruções definidas pelo utilizador, apresentando uma introdução prática a processadores soft-core de conceção alargada através da utilização da integração de sistemas passo-a-passo para reconfiguração parcial utilizando o fluxo da ferramenta GoAhead. A poderosa ferramenta GoAhead suporta todos os FPGAs Xilinx actuais e inclui algumas funcionalidades não disponíveis noutras ferramentas de RP do fornecedor de FPGA Xilinx (Beckhoff, et al., 2012), conforme explicado no Capítulo 3.

O objetivo deste projeto é investigar uma biblioteca de módulos de instruções personalizada que ofereça baixa latência e baixos custos de implementação em termos de recursos lógicos, e que consiga poupanças significativas nos ciclos de relógio do processador em comparação com implementações puramente de software.

- Objectivos de aprendizagem

- estudar e compreender o conceito de reconfiguração de hardware.
- Veja como as instruções personalizadas podem ser aplicadas como extensões softcore.
- Examinar e compreender o conceito de relações públicas
- Explorar e compreender o tema da reconfiguração MultiBoot e a sua potencial utilização com RP.

- Objectivos alcançáveis

- Desenvolvimento e implementação de instruções específicas do cliente como uma extensão de um determinado softcore numa FPGA.
- Compreender e implementar instruções personalizadas reconfiguráveis para um núcleo flexível numa FPGA.
- Análise dos resultados anteriores e desenvolvimento de um conceito de desempenho.

1.2 Estrutura do relatório

Chapter 2: Contexto

Este capítulo apresenta uma panorâmica da literatura relevante e dos trabalhos relacionados, como introdução ao hardware reconfigurável e à arquitetura FPGA. Apresenta os conceitos de PR e os pormenores da reconfiguração de componentes FPGA. Por último, apresenta a arquitetura dos microprocessadores, com destaque para o MIPS e as extensões de conjuntos de instruções reconfiguráveis.

Chapter 3: Conceção e metodologia de sistemas

Este capítulo apresenta a metodologia do sistema utilizado para este projeto. É apresentado todo o sistema utilizado no projeto, incluindo o CPU MIPS e os componentes periféricos (memória, GPIO, ROM e trap manager) ligados pelo bus de sistema.

Chapter 4: Configurar o sistema

Este capítulo trata da implementação dos componentes finais do sistema e de todas as questões técnicas relacionadas.

Chapter 5: Exame, resultados e avaliação

Este capítulo apresenta os testes efectuados no âmbito do presente estudo, os resultados desses testes e uma avaliação global do sistema.

Chapter 6: Conclusão e trabalho futuro

Este capítulo resume o relatório e contém recomendações para melhorar o sistema em vigor.

Apêndice

Foram acrescentados três apêndices:

O Apêndice A contém o código VHDL para a CPU MIPS.

Appendix B contém o código VHDL para o multiplexador de alçapão

Appendix C contém o código VHDL para o gestor de intercepções.

Capítulo 2

2 Antecedentes

A investigação de base abrange três domínios. Em primeiro lugar, é abordada a área geral do processamento reconfigurável de dados, incluindo a arquitetura FPGA. A segunda parte aborda as arquitecturas de microprocessadores. Finalmente, a terceira parte trata do domínio específico deste projeto.

2.1 Processamento de dados reconfigurável

A computação reconfigurável é um paradigma de computação que combina a flexibilidade do software com um elevado poder de processamento do hardware através da utilização de estruturas flexíveis de alta velocidade, como as FPGA. A computação reconfigurável oferece a possibilidade de modificar significativamente o percurso dos dados com o fluxo de controlo. Além disso, a computação reconfigurável pode adaptar o hardware subjacente em tempo de execução, oferecendo a possibilidade de carregar um novo circuito na estrutura reconfigurável (Koch, 2013).

2.1.1 História

De acordo com Bobda (2008), a história do processamento reconfigurável de dados remonta à década de 1960, quando Gerald Estrin propôs uma arquitetura de computador que consistia num processador padrão combinado com um conjunto de hardware reconfigurável. O processador central era utilizado para controlar o comportamento do hardware reconfigurável. Esta conceção foi posteriormente adaptada a outras tarefas, como o processamento de imagens (Lysaght & Subrahmanyam, 2005). Regra geral, a adaptação foi efectuada sempre que necessário. Estas adaptações podem ser efectuadas sempre que necessário e permitiram desenvolver uma estrutura de computação híbrida com flexibilidade e rapidez de software.

Desde então, a conceção de computadores reconfiguráveis melhorou, uma vez que foram desenvolvidas numerosas arquitecturas pela indústria. Entre as arquitecturas lançadas no mercado contam-se a Copacobana, a Elixent, a Silicon Hive, a PiCoGA, etc. O primeiro computador baseado numa arquitetura reconfigurável para o mercado comercial foi publicado pela Algotronix em 1991. Esta arquitetura foi mais tarde retomada pela Xilinx, que adquiriu a Algotronix para a melhorar para fins comerciais (Algotronix.com, 2015).

2.1.2 FPGA

A tecnologia FPGA (Field Programmable Gate Array) tornou-se recentemente muito popular no fabrico de produtos e protótipos, tanto em pequenas como em médias quantidades. Os FPGAs são um tipo especial de dispositivo lógico programável (PLD) que pode ser utilizado para implementar circuitos digitais de uso geral com um tamanho de circuito limitado. A programação de módulos é utilizada para definir o circuito a implementar. As capacidades dos FPGAs aumentaram ao longo dos anos e, atualmente, todo um sistema multiprocessador pode caber num único bloco. Os projectos de circuitos complexos necessários para módulos tão complexos são normalmente especificados utilizando linguagens de descrição de hardware (HDL). Como suportam a descrição de circuitos utilizando construções linguísticas de alto nível, as HDL são preferidas para este tipo de aplicação.

Os FPGAs consistem num chip lógico digital de estado sólido que permite ligações programáveis entre componentes. As ferramentas de conceção de FPGA podem ser utilizadas para criar ficheiros de configuração com os valores de saída e as ligações necessárias, que podem depois ser descarregados para o FPGA. A principal caraterística dos FPGAs é o facto de a sua conceção ser totalmente flexível e poder ser reprogramada. Mas isto também significa que perdem a sua configuração se a alimentação eléctrica for cortada. Por isso, têm de ser reprogramados para criar outro projeto funcional (Balwaik, et al., 2013).

A história dos FPGAs começou no final dos anos 80, com o interesse crescente em alargar a funcionalidade das grandes matrizes lógicas programáveis (PLAs), que tinham sido desenvolvidas anteriormente (Bobda, 2008). No início dos anos 90, os FPGAs eram cada vez mais utilizados nos sectores das redes e das telecomunicações devido à sua maior flexibilidade. Nessa altura, eram preferidos porque era possível separar a fase de desenvolvimento e conceção do hardware da fase de conceção da lógica. Ajudavam os fornecedores a desenvolver soluções sem terem de gastar muito tempo a desenvolver a lógica, como acontecia com os circuitos integrados de aplicação específica (ASIC) (Parvez e Mehrez, 2011).

Os processadores soft-core fazem parte do contexto do presente estudo. Um processador soft-core é um microprocessador totalmente descrito através de uma linguagem de descrição de hardware e sintetizado para FPGAs. É de referir aqui que a conceção de um processador de núcleo suave desenvolvido para uma FPGA é considerada flexível, uma vez que pode ser adaptada através da reprogramação do módulo. Isto não é possível para muitos outros dispositivos programáveis. Tradicionalmente, tais sistemas poderiam ser desenvolvidos utilizando a tecnologia ASIC. No entanto, os ASIC não são tradicionalmente concebidos para permitir a reconfiguração. Os FPGA demonstraram permitir a criação de sistemas muito potentes e de elevado desempenho graças à sua capacidade de reprogramação (Musoll, 2010).

Uma das limitações dos FPGAs é que os utilizadores finais têm muito poucos pormenores sobre o processo de implementação de baixo nível (por exemplo, a codificação dos dados de configuração). Muitas vezes, não é fornecida informação suficiente sobre as decisões tomadas durante o processo de desenvolvimento de FPGA.

Arquitetura FPGA

A tecnologia FPGA pode ser implementada com qualquer lógica de utilizador. Os FPGAs dispõem de três recursos principais: 1) blocos lógicos, 2) blocos de E/S e 3) uma interconexão programável.

Blocos lógicos

Os blocos lógicos da FPGA são constituídos por uma tabela de consulta (LUT) e flip-flops (FF).

Cada bloco lógico é capaz de implementar pequenas funções compostas por várias variáveis.

O FPGA implementa a lógica booleana utilizando LUTs, que são os blocos de construção básicos da arquitetura do FPGA e permitem programar qualquer função lógica (desde que caiba nas LUTs). Uma função booleana é normalmente representada por uma tabela de verdade armazenada em células de memória estática de acesso aleatório (SRAM). Uma LUT está normalmente associada a determinadas entradas; as que têm n entradas são designadas por n-LUTs (Munden, 2005). Uma n-LUT é, portanto, essencialmente um multiplexador que recebe sinais de entrada da memória de configuração e passa o sinal selecionado para uma linha de sinal de saída.

As saídas da LUT são normalmente ligadas ao flip-flop de estado, que é suposto registar o estado atual do circuito síncrono. As tabelas de referência úteis fornecem caraterísticas adicionais que variam consoante as famílias de FPGA. Os recursos encontrados em diferentes FPGAs incluem modos de memória distribuída e a capacidade de combinar LUTs vizinhas com LUTs maiores que têm mais entradas e lógica de cadeia de ondulação de travamento rápido (Pedroni, 2010). Por outras palavras, as LUTs são combinadas com registos configuráveis e multiplexadores durante a implementação do encaminhamento para criar uma célula lógica. Uma célula lógica é o ramo principal da estrutura do FPGA, uma vez que toda a lógica não mapeada em blocos especiais, como DSPs, CPUs ou BRAMs, é implementada em células lógicas. Os FPGAs da Xilinx, por exemplo, oferecem agora quatro células lógicas que são combinadas numa fatia para formar um bloco lógico configurável (CLB) (uma combinação de duas fatias). As fatias podem ser compostas por células lógicas diferentes das células lógicas básicas para implementar cadeias de transmissão rápida, registos de deslocamento e RAM distribuída, adicionando sinais dedicados e lógica entre fatias na mesma coluna para propagar sinais através de muitas fatias. Isto elimina a necessidade de encaminhamento de linhas de ligação.

Blocos de E/S

Os blocos de E/S são utilizados para ligar a lógica interna a pinos externos. Os blocos de E/S são bidireccionais, o que significa que podem ser utilizados como entradas ou saídas, consoante a configuração efectiva. Diferentes pinos podem ser configurados para diferentes padrões se o dispositivo subjacente puder suportar mais de um padrão de E/S (Munden, 2005).

Interligação programável.

As ligações programáveis são utilizadas para ligar diferentes blocos lógicos. As ligações entre os blocos lógicos da FPGA podem ser programadas de três formas: através de células SRAM, FLASH/memória programável eletricamente apagável (EEPROM) ou antifusão. Estas últimas conservam as configurações que definem a função booleana e controlam o encaminhamento configurado.

A maioria dos FPGAs são conexões programáveis baseadas em SRAM. As células SRAM accionam transístores de passagem, buffers tri-state e multiplexadores. A SRAM é uma tecnologia de memória volátil e tem de ser programada a partir de uma memória externa sempre que o dispositivo é alimentado. Durante a reconfiguração, estas células SRAM são substituídas por novas funções. A FLASH, que se baseia na tecnologia EEPROM, não é volátil e retém os dados de configuração quando a fonte de alimentação do dispositivo é desligada. As ligações programáveis baseadas em antifusíveis criam ligações permanentes nas células de configuração. Tal como acontece com a FLASH, estas ligações só podem ser programadas uma vez, após o que o processo de configuração não pode ser repetido.

As arquitecturas acima referidas realçam as complexas capacidades de programação dos FPGA e podem ser responsáveis por alguns dos problemas associados à utilização de FPGA. Estes incluem o facto de os FPGA consumirem muita energia durante a programação e também ocuparem muito espaço, o que resulta em latência durante o encaminhamento e os blocos de funções. Os FPGA consomem também uma quantidade considerável de energia e de memória de configuração durante o funcionamento. Em comparação com os ASIC, os FPGA têm também atrasos de comutação mais longos (Lin *et al.*, 2008).

Detalhes de configuração

A configuração da FPGA tem lugar quando um fluxo de bits é escrito na porta de configuração de um dispositivo. O fluxo de bits contém dados para as células SRAM que contêm a configuração do dispositivo. Existem dois tipos de porta de configuração: externa e interna. Elas têm interfaces diferentes para permitir protocolos e conexões específicos. Os blocos FPGA da Xilinx suportam a reconfiguração regional no bloco durante o tempo de execução. A região mais pequena é uma região reconfigurável e a sua estrutura de configuração varia consoante o dispositivo.

2.1.3 Reconfiguração de hardware

Os processadores utilizados no processamento de dados podem ser classificados em três tipos (Bobda, 2007). O primeiro, um processador de uso geral (GPP), utiliza dados, uma via de controlo e uma via de dados para efetuar cálculos e não modifica necessariamente o hardware existente. O segundo, um processador de domínio específico (DSP), é utilizado em situações em que um processador só é utilizado num determinado domínio computacional. Os percursos de dados e as operações do DSP são adaptados a um conjunto de algoritmos, limitando a flexibilidade mas aumentando o desempenho dos domínios subjacentes. O terceiro tipo, um Processador Específico de Aplicação (ASIP), obtém o melhor desempenho executando diretamente o algoritmo de hardware. Também não utiliza instruções, o que significa que, ao contrário dos outros processadores, não está limitado pela necessidade de implementação sequencial.

O processador ideal seria um que combinasse a flexibilidade dos GPP com a potência de um ASIP. A moderna tecnologia FPGA torna isto possível porque se pode adaptar a diferentes problemas numa forma conhecida como hardware reconfigurável, em que toda ou parte da estrutura do hardware pode ser alterada em tempo de execução. Apesar do elevado consumo de energia estática dos componentes FPGA modernos, é possível criar hardware flexível através da reconfiguração em tempo de execução, aumentando a utilização dos componentes através da reconfiguração dos componentes.

A arquitetura dos FPGAs pode ser considerada do ponto de vista da sua configurabilidade: o nível mais elevado de FPGAs pode ser dividido em blocos configuráveis uma vez e blocos reconfiguráveis. A figura 1 ilustra as principais classificações dos FPGAs em termos de configurabilidade.

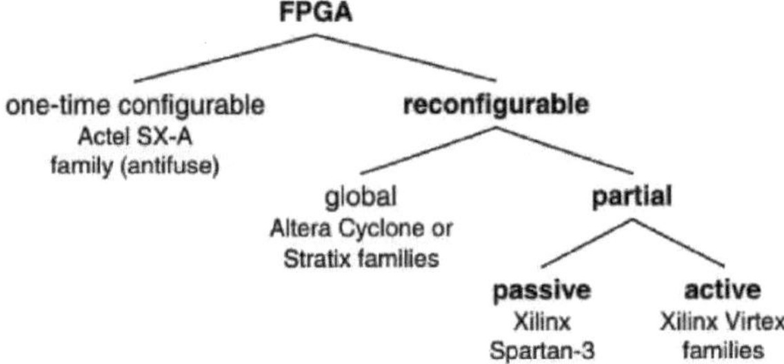

Figura 1 Classificação dos FPGAs (Koch, 2013).

Um bloco globalmente reconfigurável permite a substituição de toda a configuração do bloco, ao passo que os blocos parcialmente reconfiguráveis permitem apenas a substituição de parte dos recursos da FPGA. A RP pode ser efectuada através de operações activas ou passivas (ou seja, quando a FPGA continua ou deixa de funcionar durante a configuração).

2.1.4 Reconfiguração parcial

PR diz respeito à capacidade de um dispositivo reconfigurável alterar uma parte do circuito de hardware reconfigurável enquanto a outra parte continua a ser utilizada. Estes projectos reconfiguráveis exigem circuitos modulares constituídos por diferentes subcomponentes. É possível alterar secções destes subcomponentes mesmo quando o FPGA ainda está em funcionamento (Koch, 2013).

Um procedimento de reconfiguração completo é normalmente efectuado quando o FPGA está no modo de reinicialização. Nesta altura, é utilizado um controlador externo para recarregar o projeto no chip; isto melhora a funcionalidade das partes críticas do projeto. Além disso, o RP pode ser utilizado para libertar espaço para vários módulos em tempo de execução, armazenando módulos parcialmente reconfiguráveis que estão sujeitos a alterações. A Figura 2 ilustra o modelo básico de RP.

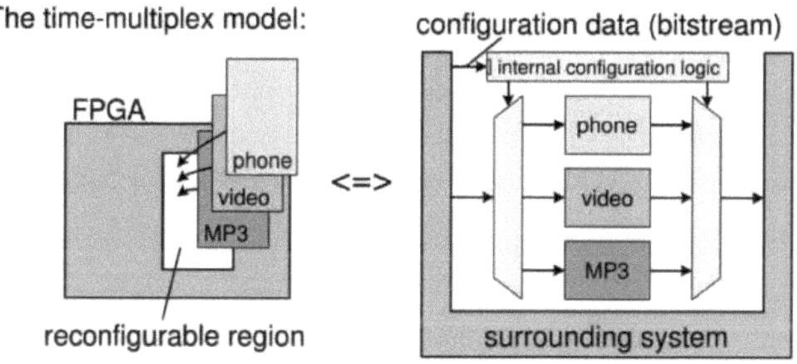

Figura 2 Modelo básico de reconfiguração parcial (Koch, 2013).

A Figura 2 mostra como os módulos activos são colocados exclusivamente na região reconfigurável e como a troca entre módulos é conseguida escrevendo um fluxo de bits de configuração parcial na porta de configuração, como se pode ver no fluxo de dados de configuração à direita da Figura 2. A RP está disponível na maioria dos FPGAs modernos e permite que um subconjunto da estrutura lógica seja dinamicamente reconfigurado enquanto a lógica no seu interior continua a funcionar sem perturbações. Os FPGAs com esta capacidade incluem componentes dos fornecedores de FPGA Xilinx e Altera, que incluem esta caraterística nos seus FPGAs topo de gama. A RP não é apenas necessária para sistemas reconfiguráveis de uso geral, mas é preferida por sua escalabilidade e flexibilidade (Koch, 2013).

Para efetuar uma reconfiguração parcial em funcionamento, o hardware deve ser suportado pelos dispositivos acima mencionados. A reconfiguração de uma secção do dispositivo não deve interromper o funcionamento das outras secções. As RP podem ser classificadas de acordo com a frequência de reconfiguração durante um ciclo de funcionamento. Estas classificações são as seguintes Reconfiguração de ciclo único (frequentemente aplicável), reconfiguração de subciclo e reconfiguração de ciclo múltiplo (raramente aplicável). No caso da reconfiguração multi-ciclo, a reconfiguração exige mais do que um único ciclo de relógio do sistema, uma vez que os dados de reconfiguração são transmitidos em série da memória para as células de configuração. A reconfiguração de ciclo único ocorre quando uma reconfiguração envolve uma alteração da lógica no dispositivo numa única cadeia de relógio do sistema. A reconfiguração de contexto não pode ser efectuada em módulos de execução "fill-in-the-blank" porque o estado interno do módulo não é registado.

O sistema reconfigurável divide-se em duas partes principais. A parte do sistema que está sempre presente é designada por região estática e pode conter um controlador de memória, uma CPU de software ou uma lógica de interface para a porta de configuração. A segunda parte, que contém módulos que podem ser reconfigurados em tempo de execução, é geralmente fornecida como uma ou mais sub-regiões. Existem vários métodos para efetuar RP, incluindo pequenas alterações às listas de rede, funções de encaminhamento e LUT ou mesmo a substituição de grandes módulos (Koch, 2013).

Tipo de colocação de módulos

Existem diferentes métodos de RP; por exemplo, a forma como a área de RP é utilizada divide a

RP em diferentes tipos de configuração. Um método de RP consiste em substituir partes maiores da lógica, chamadas módulos, em cada reconfiguração. Isto é conhecido como reconfiguração baseada em módulos. A área em que os módulos de RP são colocados pode a) ser um módulo único numa região reconfigurável, b) ser unidimensional ou c) ser bidimensional. A figura 3 mostra a sub-região e os diferentes tipos que podem ser colocados na mesma.

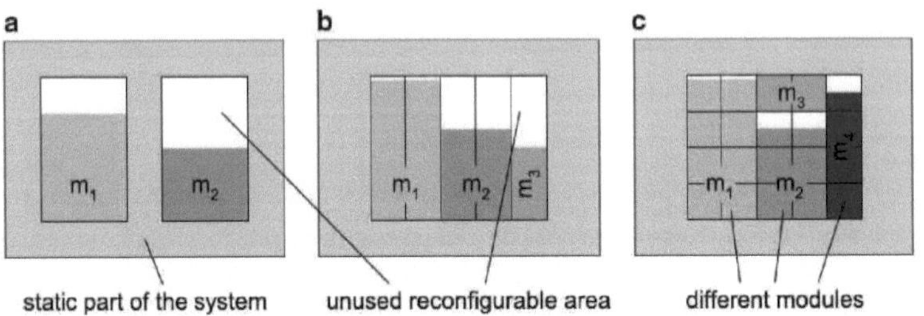

Figura 3 Diferentes tipos de colocação de módulos reconfiguráveis. (a) Estilo ilha. (b) Estilo de ranhura. (c) Estilo de grelha (Koch, 2013).

Os estilos de ilha são suportados pelo fluxo de PR da Xilinx. No "estilo ilha", apenas um módulo estará presente na região de PR, enquanto a comutação entre os outros módulos pode ser feita na parte estática do sistema. Uma região PR deve alojar todos os módulos de que o sistema necessita. Pode ser concebida como uma única ilha ou como várias ilhas. Neste último caso, o programador deve ter em conta o facto de os mesmos recursos serem partilhados por todas as ilhas. Na variante "slot", por outro lado, as regiões PR são divididas em slots de igual dimensão. Por conseguinte, não há limitação a um módulo como no método "ilha". A existência de diferentes requisitos de ranhuras para diferentes módulos pode levar a problemas de fragmentação na região do PR. Consequentemente, a troca de módulos no "estilo de ranhura" não será tão fácil como no "estilo de ilha", em que se trata simplesmente de escolher entre ilhas (Koch, 2013).

Pegada do módulo

Ao trocar módulos entre diferentes ilhas/localizações no módulo, o programador deve ter em conta os recursos necessários para o módulo. Também é necessário ter em conta as estruturas FPGA existentes e a forma como os recursos são colocados no módulo. O módulo PR tem uma área de ocupação de recursos que deve caber na área de ocupação de recursos da FPGA existente. Portanto, quando um módulo é movido para um novo grupo de slots, os slots devem se encaixar perfeitamente no espaço ocupado pelo módulo. Existem alguns desafios ao mover módulos. Um desafio é a modificação da temporização do sinal e a inclusão de uma pegada de temporização. Dependendo de onde o módulo é movido, a temporização pode mudar. Outras secções da FPGA podem ter atrasos de encaminhamento mais longos devido a funções ocultas, como a lógica de configuração.

Configuração do Spartan 6

Os quadros de configuração são parte integrante do Spartan-6. Os quadros de configuração para dispositivos Spartan-6 podem ser divididos em três tipos, que contêm dados específicos para diferentes partes do dispositivo (Xilinx Inc, 2013). São eles: Tipo 0; Tipo 1, ou o bulk RAM; e Tipo 2, ou o IOB. A configuração é efectuada através de três tipos de operações oferecidas pela lógica de configuração. Estes incluem: "00" : NOP; "01": READ; e "02": WRITE. A execução de um comando de configuração ocorre quando um registo de configuração é preenchido com dados (Xilinx Inc, 2011). Cada registo de configuração é descrito no manual do utilizador de configuração do Spartan-6 (Xilinx Inc, 2015).
Os dados de configuração estão divididos em dois tipos de pacotes: Tipo 1, com blocos curtos de zonas de dados de 16 bits, e Tipo 2, em que os pacotes podem conter blocos longos de várias zonas de dados de 16 bits de largura.

Fluxo de bits Spartan-6

Para configurar um dispositivo Xilinx, um fluxo de bits deve ser aplicado a uma das interfaces de configuração. O fluxo de bits é, como vimos, um
Encapsulamento para pacotes de dados de configuração. O formato do fluxo de bits nos dispositivos Spartan 6 é o seguinte (Xilinx Inc, 2015):

- Palavras fictícias: para preparar o pipeline da interface de configuração para os dados.
- Palavras de sincronização: duas palavras de 16 bits utilizadas para a sincronização (0xAA99 e 0x5566).
- Título .
- Configuração da carroçaria.
- Título2.
- Palavra de dessincronização: uma palavra (16 bits) que assinala o fim do fluxo de bits (0x000D).

Durante a reconfiguração, o cabeçalho é utilizado para definir os registos de configuração, enquanto no corpo de configuração, os dados são escritos nas estruturas de configuração do dispositivo. O cabeçalho2 também pode ser utilizado para definir diferentes registos de configuração.

Durante a reconfiguração, o cabeçalho é utilizado para definir os registos de configuração, enquanto no corpo de configuração, os dados são escritos nas estruturas de configuração do dispositivo. O cabeçalho2 também pode ser utilizado para definir diferentes registos de configuração.

Porta de acesso à configuração interna (ICAP)

Durante a reconfiguração em tempo de execução, o sistema deve gravar dados de configuração nas células de configuração. Em outras palavras, os dados são gravados na Porta de Acesso à Configuração Interna (ICAP) nos building blocks da Xilinx. A ICAP pode ser considerada como a versão interna da porta SelectMap; uma das portas de configuração externa do Spartan-6. A tabela a seguir mostra o desempenho da velocidade de configuração.

Bit width	Frequency MHz	Configuration speed Mb/s /MB/s
8 bit	100	800/100
16 bit	100	1600/200

Tabela 1 Velocidades de configuração com desempenho ICAP (Hansen, Koch e Torresen, 2011).

Nos blocos Spartan 6 (Xilinx Inc, 2015), a primitiva ICAP_SPARTON6 tem uma porta de entrada de dados (I) que pode receber palavras de 8 ou 16 bits de dados de configuração e uma porta de saída (O) que é usada para ler os dados de configuração já presentes no bloco. A primitiva é controlada pela ativação dos sinais de habilitação de escrita (WRITE) e de habilitação de relógio (CE). Os dados são lidos ou escritos pela primitiva na borda ascendente do sinal de relógio (CLK).

Desvio de corrente binária do submódulo

O movimento do módulo ocorre quando o sistema é capaz de mover módulos entre diferentes localizações, em vez de colocar um módulo numa localização específica na zona PR. A vantagem do movimento de módulos é a dinâmica obtida ao colocar os módulos. Desafios como a fragmentação externa podem ser facilmente ultrapassados, uma vez que os módulos podem ser deslocados entre diferentes localizações. Além disso, esta flexibilidade torna a tarefa de procurar e planear a colocação de módulos muito mais fácil. Cada módulo pode ser colocado em mais do que uma localização. Existem vários métodos para mover módulos. Um método é criar um fluxo de bits diferente para cada slot no qual um módulo deve ser colocado. Uma solução importante para reduzir o espaço de memória de um sistema e facilitar o movimento do módulo é distinguir entre dados de fluxo de bits independentes da posição e dependentes da posição. Nesta base, apenas os dados dependentes da posição precisam de ser mantidos para cada posição.

2.2 Arquitetura do microprocessador

2.2.1 Microprocessador RISC

RISC ou Reduced Instruction Set Computer é um tipo de arquitetura de microprocessador concebido de modo a que os conjuntos de instruções sejam constituídos por instruções pequenas e simples do mesmo tamanho, a fim de tornar toda a arquitetura mais rápida, executando-as num único ciclo. As CPU RISC também necessitam de menos memória, uma vez que têm mais registos e apenas duas instruções específicas, instruções de carregamento e instruções de armazenamento, que acedem à memória.

Em contrapartida, o CISC (Complex Instruction Set Computing), o oposto do RISC, pode efetuar acessos à memória com muitas instruções diferentes. Exemplos de processadores RISC bem conhecidos, utilizados em todo o mundo em vários dispositivos de hardware, são o DEC Alpha, o AMD Am29000, o ARC, o ARM, o Atmel, etc.

AVR, Blackfin, Intel i860 e i960, MIPS, Motorola 88000, PA- RISC, Power (incluindo PowerPC), RISC-V, SuperH e SPARC.

2.2.2 Microprocessador Soft-Core

Os processadores soft-core foram totalmente implementados utilizando a síntese lógica e vários dispositivos semicondutores de lógica programável. Há muitos processadores soft-core disponíveis para implementação em FPGA. Uma CPU soft-core típica consiste em conjuntos de instruções, ficheiros de registos, unidades aritméticas e lógicas e possivelmente outras funções. O desempenho dessas CPU de núcleo mole implementadas em FPGAs é considerado superior ao das CPUs implementadas em ASICs. A desvantagem de uma implementação em FPGA é que implica possibilidades adicionais de reprogramação que não existem na arquitetura ASIC. No entanto, a CPU de software criada pode ser melhorada se for detectado um problema de conceção. Esta é uma das vantagens da tecnologia FPGA em relação à tecnologia ASIC. Por exemplo, um novo requisito de desempenho da CPU pode ser satisfeito através da adaptação dos parâmetros no sistema FPGA.

Como já mencionámos, existem muitos tipos diferentes de processadores soft-core e ferramentas de desenvolvimento correspondentes. Algumas CPUs soft-core populares são Xilinx MicroBlaze, Altera Nios/NiosII, LatticeMico32 e outras. Estas CPUs oferecem elementos lógicos e de memória que possuem muitos dos periféricos de propriedade intelectual necessários para o rápido desenvolvimento de sistemas programáveis numa pastilha (systems-on-a-chip).

Os parágrafos seguintes analisam alguns processadores soft-core desenvolvidos com recurso à tecnologia FPGA e apresentam os seus pormenores funcionais e o seu desempenho (Levy e Conte, 2009).

Processador soft-core MicroBlaze

Um dos processadores soft-core mais populares é o processador soft-core MicroBlaze do fornecedor de FPGA Xilinx. Tem uma arquitetura RISC (Reduced Instruction Set Computer) de 32 bits e pode ser personalizado com uma gama de configurações de memória e periféricos. Tem três níveis de pipeline com latências de instrução de comprimento variável. O processo de conceção pode ser realizado utilizando o software Xilinx Platform Studio, que proporciona um ambiente de fácil utilização para a criação de sistemas MicroBlaze. Para este tipo de arquitetura, foi adoptada a arquitetura de memória Havard, que consiste em dois barramentos de memória local: um é utilizado para ligar as memórias de dados e o outro é utilizado para as instruções. O número e a dimensão dos periféricos de memória podem ser escolhidos pelo utilizador. O processador é capaz de operar a até 200 MHz em blocos Virtex-4 (Le Gal e Jego,

2013).

Processador NIOS II de núcleo macio

Esta CPU soft-core tem uma arquitetura RISC load-store. O processador é composto por vários parâmetros arquitectónicos que podem ser facilmente configurados na fase de conceção. Por exemplo, o utilizador pode escolher entre uma largura de caminho de dados de 32 bits ou 16 bits, tamanho da cache e tamanho do ficheiro de registo. Estão disponíveis instruções personalizadas para ajudar o utilizador a personalizar o hardware que pode ser utilizado para acelerar a CPU. A integração de IP comercialmente disponível é fácil de conseguir, reduzindo o tempo necessário para configurar um SoC e o tempo de conceção (Microelectronics International, 2012).

Núcleo do processador de software Micro32

Este é outro exemplo de um processador soft-core, mas difere em muitos aspectos dos outros dois exemplos descritos acima. Embora utilize a arquitetura RISC como os dois exemplos anteriores, é completamente aberto.

Além disso, são utilizadas menos LUTs na FPGA, o que a torna mais barata do que outras, e é fácil de configurar para as opções pretendidas na sua aplicação (Chu, 2008).

2.2.3 Arquitetura MIPS

Visão geral do MIPS

Neste projeto, a arquitetura MIPS apresentada na Figura 15 é utilizada como demonstrador para implementar instruções definidas pelo utilizador em hardware. É utilizada para implementar um sistema integrado de 32 bits. É também um exemplo de arquitetura RISC e um dos processadores mais amplamente suportados. Tem sido utilizada na investigação sobre organizações de processadores eficientes, capazes de proporcionar um desempenho máximo e uma elevada eficiência energética.

A arquitetura MIPS original é constituída pelos seguintes blocos funcionais:

Descodificador de instruções: descodifica instruções MIPS simples, porque todas as instruções têm o mesmo tamanho e apenas três formatos diferentes.

Contador de programa (PC): contém o endereço da instrução que está a ser executada e depois aumenta o valor armazenado do endereço da instrução seguinte em 4. No caso de uma instrução de ramificação ou salto, há uma ramificação atrasada, ou seja, outra instrução é executada e o valor fornecido pela instrução de ramificação ou salto é adicionado ao endereço da instrução.

Unidade Lógica Aritmética (ULA): é um bloco fundamental da CPU que efectua operações aritméticas e lógicas sobre os operandos, ou seja, sobre os dados introduzidos numa ULA para serem processados de registo para registo, de memória para registo ou vice-versa.

Registos: O processador MIPS tem 31 registos de uso geral, incluindo o registo 0, que contém uma constante zero. Os outros registos são utilizados pelo compilador conforme descrito no "MIPS32® Instruction Set Quick Reference".

Memória: só pode ser acedida por instruções de carregamento e gravação.

Os registos em pipeline são frequentemente colocados entre blocos de funções para permitir que o processador funcione a taxas elevadas e minimize o atraso. Basicamente, o processador MIPS foi concebido para utilizar o pipelining para melhorar a taxa de transferência e o desempenho. É composto por um pipeline de cinco níveis: chamada de instrução, descodificação de instrução, execução, acesso à memória e reescrita de registo.

Conjunto de controlo MIPS

O conjunto de instruções MIPS está dividido em três grupos principais de instruções. Cada um tem a sua própria codificação, como mostra a tabela abaixo.

Instructions type	BITS					
	31-26	25-21	20-16	15-11	10-6	5-0
R-type	opcode	rs	rt	rd	shamt	funct
I-type	opcode	rs	rt	immediate		
J-type	opcode	address				

Quadro 2 Tipo de comandos MIPS (Fritzell, 2013).

A tabela 2 mostra que cada tipo tem um opcode principal de 6 bits que pode ser utilizado pelo descodificador para determinar o comando, enquanto os outros campos, rs, rt e rd, são vectores de endereço no ficheiro de registo. Estes comandos são utilizados para :

- Os comandos do tipo R são comandos aritméticos que utilizam dois operandos do ficheiro de registos, rs e rt, e o resultado da operação é devolvido no registo rd. As Instruções do tipo R podem partilhar o seu código de operação com outras instruções e o código de função determina a operação.
- As instruções do tipo I são instruções load/store que utilizam um registo rs com um valor constante codificado como um valor instantâneo; o resultado é devolvido ao registo rt. A instrução de tipo I pode ser utilizada para ramificar, ou seja, o valor instantâneo é adicionado ao PC atual para efetuar uma ramificação.
- As instruções J são instruções de salto que fornecem um novo endereço para o

contador de programa. Isto significa que a execução é movida para um novo bloco de código.

2.3 Extensões do conjunto de instruções da CPU reconfigurável

Muitas aplicações diferentes só podiam ser tratadas por GPP, processadores de uso geral. No entanto, a maior parte delas só podia utilizar um pequeno subconjunto de todas as instruções disponíveis no GPP. Consequentemente, algumas pequenas alterações ao hardware específico de cada aplicação poderiam resultar numa enorme melhoria do tempo de execução. Por exemplo, um algoritmo de compressão deve contar o número de bits únicos num vetor. Ao adicionar uma instrução de hardware especial, a velocidade deste algoritmo pode ser aumentada.

Estender o conjunto de instruções de uma CPU pode ser uma forma de o fazer e permitir a aceleração por hardware de pequenas partes de uma aplicação. As CPUs de núcleo macio Microblaze e Nios da Xilinx e da Altera são bons exemplos de CPUs que permitem instruções definidas pelo utilizador com as vantagens de uma máquina RISC rápida. A secção seguinte destaca os pontos interessantes sobre as instruções definidas pelo utilizador.

2.3.1 Instruções personalizadas no material

As instruções personalizadas permitem ao programador implementar uma sequência complexa de instruções padrão numa instrução simples e única incorporada no hardware. Uma descrição simples da implementação de uma instrução definida pelo utilizador numa CPU MIPS, que pode aceder ao ficheiro de registos da mesma forma que uma ALU, é apresentada na Figura 4.

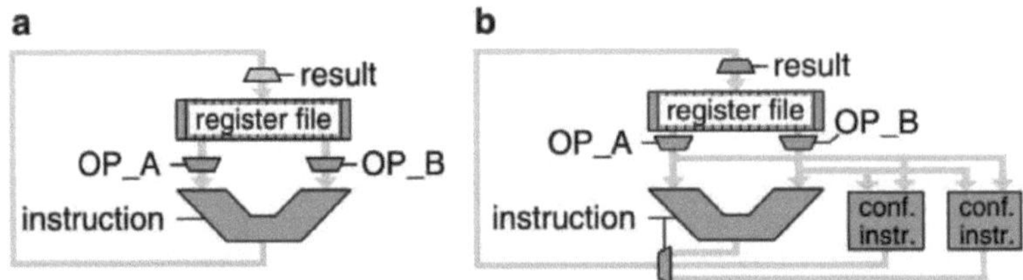

Figura 4 a) uma CPU típica b) extensões de CPU com instruções reconfiguráveis (Koch, 2013).

A figura 4 mostra que instruções intercambiáveis podem ser adicionadas à CPU após a decodificação das instruções não utilizadas na CPU ISA original. Em seguida, é utilizado um multiplexador para selecionar entre a opção ALU normal e uma ou mais instruções definidas pelo utilizador. Depois, a instrução configurável pode ser integrada na CPU (Koch D, 2013).

O bloco lógico para instruções definidas pelo utilizador tem duas portas de entrada e um resultado de saída, como se mostra na figura 4. Frequentemente, as instruções definidas pelo utilizador são executadas num único ciclo de relógio. No entanto, para percursos combinados mais longos, pode considerar-se o funcionamento em vários ciclos. A utilização de instruções personalizadas permite que o núcleo do processador seja adaptado a uma aplicação específica.

Uma forma de emular as instruções de configuração é adicionar grandes módulos aceleradores reconfiguráveis com multiplexadores, que podem ser colocados no barramento do sistema fora da CPU. No entanto, esta abordagem implica custos adicionais.

Outra forma de configurar uma instrução definida pelo utilizador em hardware é a reconfigurabilidade parcial em tempo de execução. A instrução personalizada pode ser colocada em pequenas ranhuras/ilhas perto da CPU MIPS, o que pode levar a uma sobrecarga de encaminhamento, uma vez que é necessário introduzir um grande número de sinais na pequena área.

Os blocos de construção Altera ou Xilinx suportam ferramentas de fluxo de projeto como PlanAhead, Open PR e GoAhead Flow. Este fluxo de conceção pode comunicar entre o sistema estático, do qual a CPU MIPS faz parte, com instruções definidas pelo utilizador, uma vez que estas podem implementar a interface entre o sistema estático e o sistema parcial. Utilizando macros de barramento, lógica proxy ou uma técnica de ligação de mapeamento direto fornecida pelas ferramentas de fluxo PlanAhead, OpenPR e GoAhead.

Fritzell (2013), que propôs um sistema de reconfiguração parcial dinâmica rápida utilizando o GoAhead, argumentou que, com um elevado número de sinais e pequenas ilhas/locais, as sequências de conceção que utilizam macros de barramento ou lógica proxy não podem ter um bom desempenho devido à sobrecarga de comunicação. Mostra que, utilizando o GoAhead com a abordagem Diret Wire, a implementação de instruções personalizadas em pequenas ilhas/locais pode ser muito eficiente. Como resultado, os módulos podem ser relocalizados. As vantagens de poder deslocar instruções personalizadas para mais do que uma ranhura são a flexibilidade de utilização das ranhuras, a redução da fragmentação externa e a eliminação de chamadas de reconfiguração desnecessárias, como referido em (Koch *et al.*, 2010). Como resultado, o processador precisa de uma tabela de pesquisa para armazenar a localização de um slot que contém uma instrução personalizada, de modo que o decodificador saiba a partir de qual slot de instrução personalizada o resultado deve ser transmitido (Fritzell, 2013).

2.3.2 Instruções personalizadas no software

A reconfiguração dos módulos definidos pelo utilizador pode ser feita por reconfiguração parcial em tempo de execução ou por um multiplexador que emule o processo de configuração, como vimos anteriormente, e o tempo de reconfiguração pode ser a principal sobrecarga. Assim, existem duas possibilidades básicas para acionar o processo de configuração:

Abordagem explícita: a instrução de configuração é carregada durante o tempo de execução pelo utilizador ou pelo programa, antes de o processador precisar dela. Hauck (1998) propôs este método, porque as instruções de configuração são obtidas antes de a instrução ser chamada. Pode ser rápido. No entanto, a velocidade do controlador de configuração e o tamanho do fluxo de bits têm um impacto no tempo necessário para reconfigurar a instrução definida pelo utilizador. **Abordagem implícita:** é desencadeada uma armadilha de exceção quando o processador determina que a instrução personalizada não está no hardware. O gestor de intercepções encarrega-se do processo de configuração da instrução definida pelo utilizador de que o processador necessita. O gestor de armadilhas pode executar um programa (Lynch, Forin e Pittman, 2006) que executa a função de software quando o hardware definido pelo utilizador não está configurado. Esta abordagem pode evitar muitas despesas gerais, uma vez que a CPU não é desligada durante a configuração. No entanto, o processamento do trap pode ser demorado.

2.4 Considerações sobre a conceção

O desenvolvimento de uma CPU personalizável baseada em FPGA exige a consideração de factores críticos do sistema para se obter o desempenho desejado. Os objectivos críticos tipicamente considerados incluem a velocidade da CPU, a memória, os requisitos de energia e a velocidade a que a CPU pode aceder a outros componentes do sistema. Existe normalmente um compromisso entre o desempenho e a energia necessária para o atingir (Kulkarni, 2006).

Outras considerações a ter em conta na conceção de uma configuração personalizável incluem a arquitetura do processador e a sua adequação à aplicação pretendida. Isto significa que o projetista tem de considerar o tamanho e o tipo de memória e de barramento periférico. O projetista deve também decidir sobre o modelo e a dimensão do espaço de endereçamento limitado à CPU, bem como o espaço e o tipo de caches de instruções e de dados. É igualmente importante considerar o tipo de controlo utilizado na arquitetura. Podem ser utilizados aceleradores opcionais para acelerar a CPU (Deschamps, Sutter e Canto, 2012).

Também vale a pena mencionar que o sistema operativo e as ferramentas de conceção e desenvolvimento estão entre as considerações que o programador deve ter em conta. A principal vantagem de implementar a CPU soft-core com FPGA é que, se ocorrer um erro durante a fase de desenvolvimento, é possível repetir o processo e reconfigurar os parâmetros. Não há limite para o número de vezes que o processador pode ser reconfigurado. Isto dá aos projectistas um certo grau de flexibilidade (Kozyrakis e Patterson, 2004).

O projetista deve ter em conta as ferramentas de desenvolvimento e conceção que serão utilizadas para desenvolver o softcore. O diagrama seguinte ilustra as ferramentas de conceção e de desenvolvimento. As ferramentas de conceção e de desenvolvimento são responsáveis pela parametrização do núcleo flexível e pela implementação dos periféricos resultantes (Kilts, 2007).

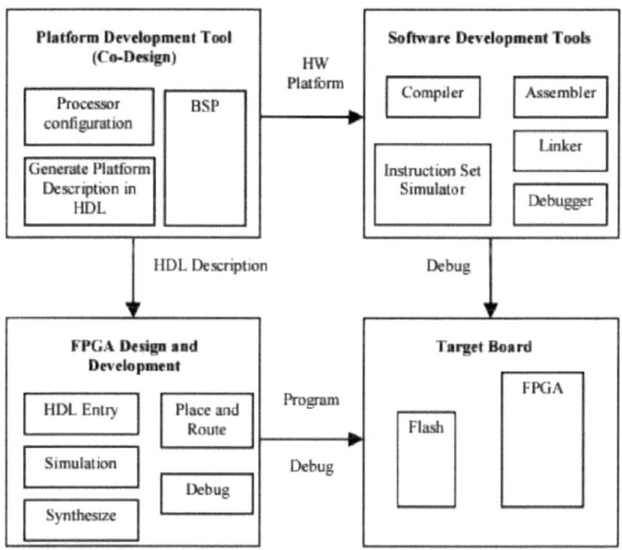

Figura 5 Ferramentas de conceção e desenvolvimento (Minev e Kukenska, 2007).

Os FPGA oferecem possibilidades de personalização significativas, o que não acontece com outras plataformas, como os ASIC. Além disso, pensa-se que uma FPGA dispõe de técnicas de otimização que ajudam os programadores a obter indicadores de desempenho mais rapidamente (Gebotys, 2002). Foram também examinadas as vantagens da utilização de uma plataforma FPGA para a personalização de CPUs de núcleo macio. O desenvolvimento de uma CPU personalizável em FPGA requer factores críticos do sistema para atingir o desempenho desejado (Gebotys, 2012).

A avaliação das ferramentas de conceção e desenvolvimento ajuda o projetista a responder fácil e rapidamente aos requisitos de conceção. É também de salientar que uma má escolha das ferramentas de conceção e desenvolvimento pode conduzir a ineficiências do sistema. As ferramentas de conceção e desenvolvimento são consideradas responsáveis pela parametrização do núcleo macio e pela subsequente implementação da periferia (Synopsys, 2010).

2.5 Trabalho anterior

Os trabalhos relacionados relevantes para este projeto podem ser divididos em duas áreas: extensão do conjunto de instruções e reconfiguração parcial.

2.5.1 Alargar o conjunto de comandos

Um exemplo de extensão do conjunto de instruções é o estudo da Altera (2011). Este estudo demonstra a capacidade de adicionar instruções personalizadas à CPU NIOS II usando o assistente SOPC Builder na ferramenta de design Quartus. A integração de instruções personalizadas num conjunto de instruções soft-core é uma forma viável de acelerar a execução de aplicações em determinadas áreas, como a criptografia (MAJZOUB e DIAB, 2007). Algumas das questões envolvidas na adaptação de um conjunto de instruções foram analisadas em pormenor por Galuzzi e Bertels (2011), que apresentaram uma panorâmica abrangente das extensões de conjuntos de instruções.

2.5.2 Reconfiguração parcial

Já foi publicada toda uma série de publicações sobre a reconfiguração parcial do tempo de execução em processadores de núcleo macio FPGA. Estes estudos mostraram que a RP reduz o tamanho, o peso, o desempenho e o custo de um sistema FPGA. O uso de técnicas de design para melhorar o desempenho e a utilização de recursos de CPUs soft reconfiguráveis foi investigado por Wold *et al.* (2012). Eles investigaram a técnica apropriada de implementação de instruções para uma soft-CPU, que aumenta o desempenho e reduz a utilização de recursos. Trata-se de uma tarefa diferente, mas intimamente relacionada com os objectivos do presente projeto. O seu objetivo é melhorar as soft CPUs para FPGAs através de reconfiguração parcial. Por exemplo, foi apresentado um método de classificação que determina os parâmetros para escolher a instrução mais adequada de acordo com os perfis. Instruction Set Extensions, Software Emulation, Reconfigurable Instructions e ISA Subsetting são as técnicas de otimização utilizadas na sua metodologia.

As instruções reconfiguráveis podem ter um efeito secundário crítico em termos de tempo de configuração. Um exemplo seria o bloqueio da execução do programa enquanto se aguarda a conclusão do processo de reconfiguração, o que poderia causar sobrecarga (Wold, et al., 2012).

Outro estudo efectuado por Koch, Beckhoff e Torresen (2010) analisou uma abordagem para reduzir esta sobrecarga. Estudaram o problema que surge quando a comunicação exige uma lógica adicional ou quando a colocação de módulos reconfiguráveis tem de ser limitada ao sistema estático, o que resulta numa sobrecarga lógica adicional. Apresentam uma nova ferramenta denominada ReCoBus-Builder. Num estudo de caso, módulos de diferentes tamanhos e latências foram integrados com CPUs de software sem qualquer sobrecarga lógica devido à reconfiguração parcial em tempo de execução. Este projeto utiliza a mais recente ferramenta GoAhead, que é uma edição totalmente reimplementada da ferramenta ReCoBus-Builder. No entanto, para efeitos do presente estudo, trata-se de uma biblioteca de extensões de conjuntos de instruções dinâmicas.

Capítulo 3

3 Conceção e metodologia do sistema

Este capítulo apresenta a metodologia utilizada neste projeto, as ferramentas de implementação e a conceção do sistema.

3.1 Metodologia de desenvolvimento de sistemas

A conceção e o desenvolvimento de um processador soft-core eficiente deste tipo é uma tarefa exigente, especialmente se tiver pouca experiência na conceção de processadores e sistemas. Por este motivo, é adequado um método de ciclo de vida de desenvolvimento de sistemas e uma abordagem de conceção faseada. Desta forma, um investigador pode ganhar gradualmente experiência nesta importante área da informática e desenvolver um sistema eficiente com reconfiguração parcial.

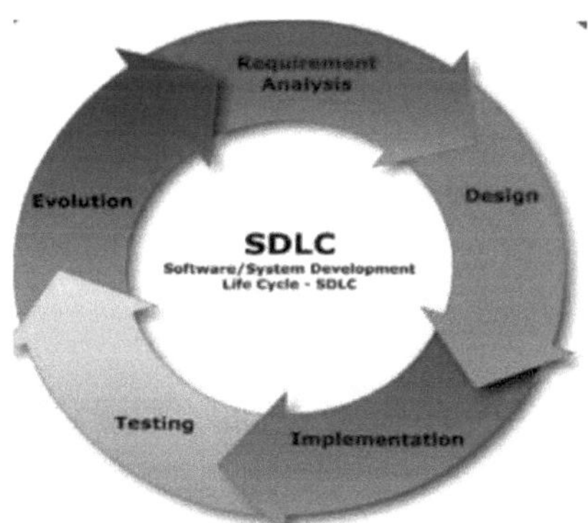

Figura 6: A abordagem geral das fases de desenvolvimento do sistema (Soft, 2013).

A Figura 6 mostra as fases gerais do ciclo de vida utilizadas neste projeto para o desenvolvimento de um processador. A fase de análise dos requisitos já foi apresentada na secção Objectivos do capítulo Introdução, página 13. Para as fases de conceção e implementação, foi utilizado um método de conceção e implementação por fases (Elkateeb, 2011) (ver Figura 7), que será discutido nesta secção. As fases de teste e desenvolvimento são apresentadas no Capítulo 4 e utilizam uma abordagem adequada para a conceção e avaliação de processadores FPGA incorporados (Fletcher, 2005), como a comparação do sistema com uma implementação de software e a comparação com o sistema de referência e outros sistemas reais. Finalmente, são discutidas algumas técnicas para otimizar o desempenho e o custo de um sistema de processador FPGA-MIPS.

Figura 7: Um método de conceção e implementação passo a passo.

Utilizando este método de conceção e implementação passo a passo, o processador MIPS Soft Core adaptável tem de ser construído por fases, integrando o módulo do processador com outros módulos do sistema e desenvolvendo outros módulos, de modo a obter a conceção final do processador MIPS Soft Core adaptável utilizando a reconfiguração parcial. Cada uma destas etapas é brevemente descrita de seguida.

__Primeira fase:__ **CPU MIPS:** Em primeiro lugar, o soft core é o cérebro do sistema. Foi implementado um CPU MIPS num módulo, utilizando uma porta XOR de nível superior para o sintetizar (ver Figura 8). A razão para a porta XOR é que a CPU MIPS utiliza mais fios de interface do que os pinos de E/S disponíveis na placa FPGA. Através do XOR de algumas das saídas da CPU, foi possível sintetizar a CPU para efeitos de teste (por exemplo, para a taxa de relógio e utilização de recursos da extração de dados). O teste do módulo de codificação e implementação de instruções MIPS foi efectuado utilizando o banco de ensaios do pacote Xilinx ISE, tal como descrito na secção de testes do capítulo 5.

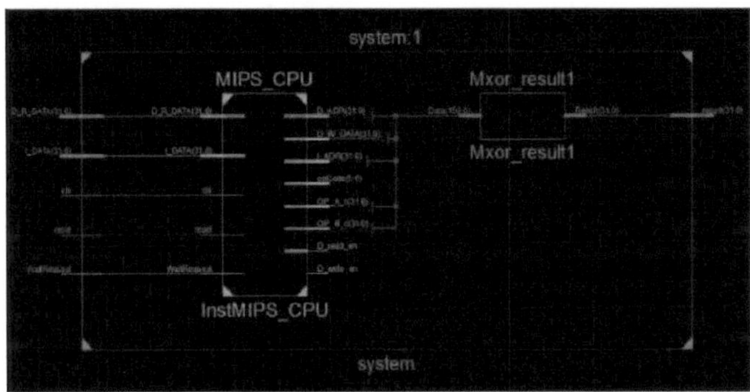

Figura 8: Primeira fase, visão geral do sistema.

__Segunda fase:__ **comandos definidos pelo utilizador no software:** é utilizado um compilador cruzado GCC para compilar o código C do MIPS. Este compilador é modificado para incluir instruções definidas pelo utilizador, atribuindo instruções definidas pelo utilizador a códigos de operação não utilizados. Isto é depois utilizado no descodificador de comandos para selecionar comandos do código binário. O compilador foi instalado através de uma máquina virtual instalada no sistema operativo Windows.

__Terceira etapa:__ **uma instrução personalizada em hardware:** um módulo personalizado é escolhido para ser ligado ao MIPS. Em seguida, um módulo "Counting One" definido pelo utilizador é integrado como componente no CPU MIPS. O MIPS reconhece a instrução definida pelo utilizador e devolve o resultado do módulo definido pelo utilizador. Além disso, o módulo CPU MIPS está ligado a outros módulos, como ROM, RAM e GPIO, através do bus do sistema.

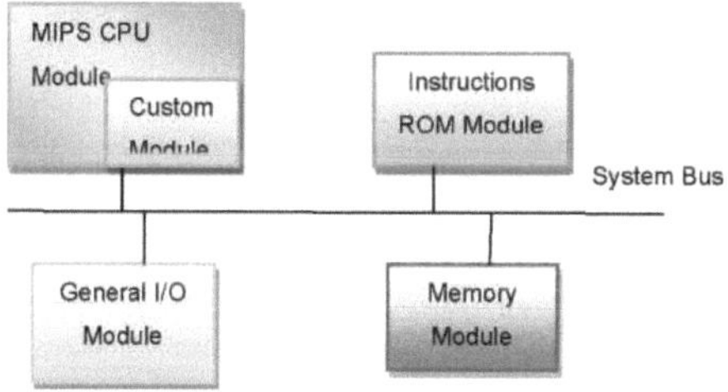

Figura 9 Terceira fase, visão geral do sistema.

Fase 4: Biblioteca de instruções definidas pelo utilizador em hardware: São implementados quatro módulos definidos pelo utilizador. Além disso, é desenvolvido um gestor de armadilhas baseado em multiplexador (MUX) (Apêndice B) para selecionar uma instrução definida pelo utilizador a ser chamada pela CPU MIPS. Esta abordagem tem custos lógicos excessivos, como mostra o resultado no Capítulo 5.

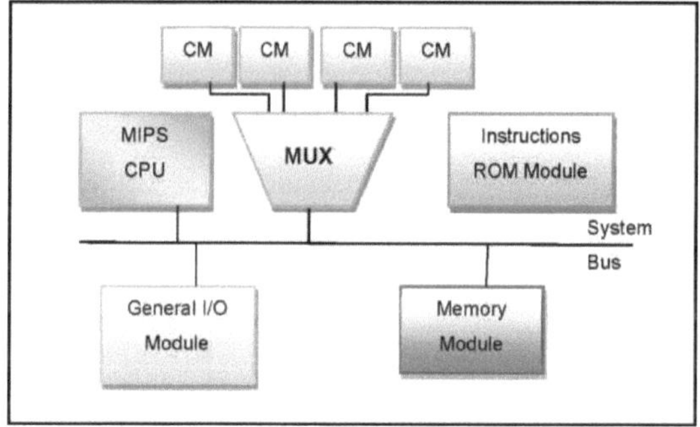

Figura 10: Visão geral do sistema de quatro níveis.

Quinto passo: reconfiguração do controlo definido pelo utilizador: Como já foi referido no capítulo de contexto, existem diferentes métodos para implementar módulos personalizados reconfiguráveis em hardware. Neste projeto, foram implementadas as seguintes abordagens.

Primeira fase da abordagem: **melhorar o gestor de intercepções:** o gestor de intercepções baseado no MUX será melhorado para gerir o processo de configuração. Nesta abordagem, o gestor de intercepções basear-se-á no ICAP (apêndice C). Para isso, o gestor de traps será implementado como uma máquina de estados que contém uma tabela para armazenar os endereços dos bitstreams de configuração para os diferentes comandos personalizados que serão apresentados mais tarde na secção 4.3, e depois usar a primitiva ICAP para carregar os bitstreams no dispositivo. Vamos tirar partido do facto de todas as placas académicas estarem equipadas com memória série SPI, que muitas vezes não é utilizada. Neste projeto, utilizaremos a função MultiBoot, que permite que a FPGA carregue uma de várias revisões de configuração. Os FPGAs Spartan-6 suportam dois modos de configuração diferentes: BPI e SPI. A operação desta função é descrita em detalhes em [Spartan-6 FPGA Configuration User Guide]. O iMACT é usado para fornecer o endereço inicial de cada revisão de configuração para criar o arquivo MultiBoot-SPI (Xilinx Inc, 2015). A SPI PROM é especificada para armazenar o fluxo de bits de configuração para os módulos personalizados individuais. Quando a instrução personalizada é requerida pela CPU MIPS, o Trap Manager verifica se a instrução personalizada já está configurada; caso contrário, é carregado outro fluxo de bits na FPGA a partir de uma memória externa ligada (SPI PROM). Como resultado, a FPGA é reconfigurada com outro fluxo de bits de configuração. O teste de referência na secção de testes do Capítulo 5 demonstra a funcionalidade deste módulo.

Todo o processo funciona com reconfiguração total, tanto para o MIPS como para a extensão. A reconfiguração só faz sentido com instruções personalizadas parcialmente reconfiguráveis, uma vez que não é boa ideia reiniciar todo o sistema sempre que outra instrução personalizada é chamada. Outra abordagem é, portanto, examinar se o MultiBoot pode ser usado para reconfiguração parcial.

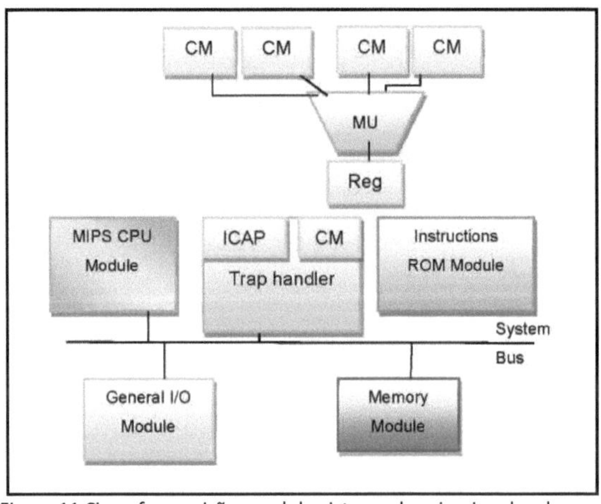

Figura 11 Cinco fases: visão geral do sistema de primeira abordagem.

A segunda etapa da abordagem: explorar o recurso MultiBoot para reconfiguração parcial. Conforme descrito no Xilinx Partial Reconfiguration User Guide (2012), a RP é uma técnica para modificar a operação do FPGA carregando outro fluxo de bits enquanto a operação normal está em andamento. Nessa técnica, todo o projeto é traduzido em diferentes fluxos de bits ou arquivos, cada um definindo uma função distinta e sendo carregado conforme necessário. Os circuitos integrados de aplicação específica (ASIC) são construídos na fábrica e concebidos para uma função fixa. Os FPGAs, por outro lado, oferecem a flexibilidade de serem reprogramados, e a maioria dos FPGAs modernos oferece a possibilidade de serem programados in situ. A RP envolve a modificação do funcionamento do FPGA através da programação de um fluxo de bits parcial (também conhecido como ficheiros de bits) que define o funcionamento de um subconjunto dos blocos programáveis, mas neste caso não se reprograma toda a matriz FPGA. Neste cenário, é primeiro programado um ficheiro de bits completo na FPGA, definindo o funcionamento de toda a FPGA. Em seguida, dependendo das necessidades da operação, pode ser descarregado um ficheiro binário parcial para modificar as partes reconfiguráveis da FPGA, enquanto as outras partes mantêm a sua função inalterada. O diagrama concetual do sistema parcialmente reconfigurável é apresentado na figura 12.

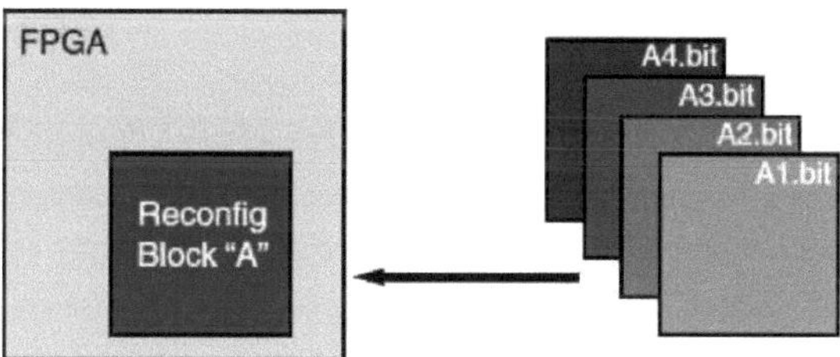

Figura 12 Cinco fases: visão geral do sistema para a segunda abordagem **(Xilinx, 2012)**.

Podemos ver que existe um bloco reconfigurável A no sistema que pode ser carregado com qualquer uma das configurações possíveis definidas por vários ficheiros BIT, A1.bit, A2.bit, A3.bit e A4.bit. A lógica no projeto da FPGA está dividida em duas regiões distintas: a região reconfigurável e a região estática. A região mais escura do bloco FPGA representa as regiões reconfiguráveis e a região mais clara a região estática. A funcionalidade da região reconfigurável é definida pelos ficheiros de bits parciais e pode ser reprogramada carregando uma das configurações parciais, enquanto a região estática continua a desempenhar a sua função e não é afetada pela reprogramação da região reconfigurável.

O método de reconfiguração parcial oferece uma série de vantagens, incluindo

- Esta abordagem ajuda a reduzir a área ou o tamanho do bloco FPGA necessário para implementar uma determinada função, o que significa que são necessários menos blocos lógicos.
- Esta abordagem ajuda a implementar e testar vários algoritmos ou métodos de execução de uma determinada função. Neste caso, várias implementações podem ser carregadas uma após a outra e comparadas entre si.
- Esta técnica aumenta a segurança do projeto, uma vez que certas palavras-chave ou códigos dependentes do utilizador podem ser incluídos na área reconfigurável e reprogramados pelo utilizador final.
- Esta abordagem aumenta a tolerância a falhas da conceção do FPGA, uma vez que as

áreas ou partes defeituosas podem ser reprogramadas pelo utilizador e a resolução de problemas é possível.

- Esta abordagem permite ao programador dividir todo o projeto em várias regiões ou blocos, que podem então ser progressivamente inseridos no projeto da FPGA, acelerando o processo de conceção e verificação da FPGA.

No nosso sistema parcialmente reconfigurável, um controlador de reconfiguração parcial é implementado na área estática. Este controlador de reconfiguração parcial é utilizado para extrair fluxos de bits parciais de uma memória ligada à FPGA e depois passá-los para uma porta de configuração. Há duas possibilidades para o controlador de reconfiguração parcial: ou é implementado num dispositivo externo, como um processador separado, ou é implementado na região estática do desenho da FPGA. Se o controlador de reconfiguração parcial estiver na região estática da FPGA, os ficheiros de bits parciais são carregados através da interface ICAP. Tal como a outra lógica na região estática do FPGA, a lógica do controlador de reconfiguração parcial funciona sem ser afetada pela programação dos ficheiros de bits parciais.

Os princípios e conceitos da reconfiguração parcial para cada conceção de sistema foram discutidos acima. No entanto, não há informações na documentação sobre a utilização da primitiva ICAP para enviar a sequência de comandos para carregar os fluxos de bits de configuração na função MultiBoot para reconfiguração parcial. A reconfiguração parcial é aplicada a partir deste ponto. O código é modificado para conter posteriormente uma caixa negra que representa o invólucro de comando definido pelo utilizador, a fim de realizar a síntese de baixo para cima, que é o conceito importante na implementação da reconfiguração parcial. A figura 14 da secção 3.3 ilustra esta abordagem.

3.2 Ferramentas de aplicação

3.2.1 Linguagem de descrição de hardware

O circuito numa FPGA é desenvolvido utilizando uma linguagem de descrição de hardware (HDL). As duas linguagens de descrição de hardware mais utilizadas para FPGAs são Verilog e VHDL. As linguagens de descrição de hardware são utilizadas para a conceção de circuitos e são utilizadas para captar a complexidade de grandes circuitos, podendo aumentar significativamente a produtividade do processo de conceção (Wold, et al., 2012). Em suma, uma linguagem de descrição de hardware pode ser comparada a uma linguagem de programação imperativa. No entanto, existem muitas diferenças fundamentais entre as duas linguagens de programação. As linguagens de programação normais são utilizadas para criar programas que são executados por microprocessadores. As linguagens de descrição de hardware, por outro lado, são concebidas para criar circuitos de hardware. São capazes de descrever a hierarquia e a conetividade dos circuitos, fornecem um mecanismo integrado para simular o comportamento dos circuitos em software e exprimem o paralelismo inerente aos componentes individuais dos circuitos (Hauck e Wilson, 1999).

3.2.2 Xilinx ISE (Xilinx, 2013):

É uma ferramenta de software para o ambiente de síntese incorporado, fornecida pelo fornecedor de FPGA Xilinx. É utilizada para a síntese e análise de projectos HDL e permite ao programador compilar os seus projectos HDL (por exemplo, ficheiros VHDL e Verilog), efetuar análises de temporização, visualizar esquemas RTL, simular um modelo de comportamento e gerar fluxos de bits FPGA para configurar o dispositivo alvo.

Quando se utiliza uma linguagem de programação VHDL, as linguagens de descrição de hardware suportam diferentes níveis de abstração. Os níveis de abstração habitualmente utilizados incluem a modelação comportamental e estrutural. Um módulo encapsula um circuito, definindo a sua interface. Desta forma, o circuito é capaz de comunicar com o mundo exterior através de entradas e saídas.
Os módulos são comparáveis às classes na programação orientada para os objectos. Os módulos são geralmente definidos e depois instanciados várias vezes. Diferentes instanciações de módulos podem ser executadas simultaneamente e podem também ser mapeadas e encaminhadas através dos sinais que ligam as suas entradas e saídas.

Simulador ISim: as linguagens de descrição de hardware estão geralmente associadas a funções de simulação que fornecem uma visão geral da funcionalidade do circuito durante o fabrico. Isto ajuda a reduzir os riscos e os custos associados aos processos de fabrico reais. A simulação é geralmente considerada essencial para a implementação e conceção de circuitos de hardware. São simultaneamente económicas e práticas. Existem diferentes níveis de granularidade suportados para a simulação de circuitos. No primeiro nível de simulação, tentamos determinar se o comportamento do circuito está correto. Neste caso, um teste Ben apropriado é gerado e aplicado ao circuito. Os resultados desse teste Ben já são conhecidos antes da simulação. Os resultados da simulação obtidos são comparados com os resultados esperados e a comparação pode ser utilizada para avaliar a correção do circuito concebido.

3.2.3 Compilador cruzado :

Um compilador cruzado é um compilador que gera código que pode ser executado noutro sistema, por exemplo, compilando código C para a arquitetura MIPS (Gnu.org, 2015). Para este projeto, um compilador cruzado GNU será adaptado para utilizar instruções reconfiguráveis por chamadas de montagem em linha.

3.2.4 Plataforma FPGA :

Foi utilizada uma plataforma de desenvolvimento de circuitos digitais Nexys3, baseada na FPGA Xilinx Spartan-6 LX16 e apresentada na Figura 13. A FPGA Spartan-6 é utilizada para implementar a extensão ISA de reconfiguração. Esta oferece um elevado desempenho com um baixo custo de recursos. Inclui as seguintes caraterísticas (Digilent, 2013):

- 2.278 fatias com quatro LUTs de 6 entradas e oito flip-flops cada
- Bloco de RAM rápido de 576Kbit
- dois blocos de relógio (quatro DCM e dois PLL)
- 32 discos DSP
- Taxa de relógio de 500MHz+".

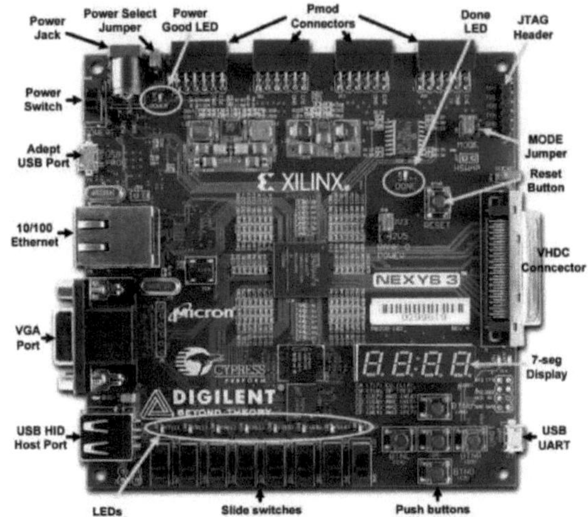

Figura 13 Plataforma FPGA Xilinx Spartan-6 LX16 (Nexys3™ Board Reference Manuall, 2013).

3.2.5 Siga em frente

GoAhead é uma ferramenta para a implementação de sistemas parcialmente reconfiguráveis. Esta ferramenta suporta todos os FPGAs Xilinx actuais. Oferece algumas caraterísticas que a cadeia de ferramentas Xilinx PR não pode fornecer, incluindo (Beckhoff, et al., 2012)

- Implementação de submódulos que são totalmente independentes em termos de conceção estática.
- módulos que podem ser deslocados e multimódulos que podem ser instanciados
- Os módulos podem ser integrados sem sobrecarga lógica "não é necessária nenhuma macro de bus ou lógica proxy".
- Permitirá a reconfiguração hierárquica, possibilitando a implementação de um módulo PR dentro de um módulo PR.
- Criação de arquitecturas de comunicação que permitam alojar simultaneamente vários módulos RP na mesma região RP.

3.3 Conceção do sistema

Neste projeto, o foco está nos sistemas incorporados que têm diferentes requisitos em diferentes áreas de aplicação, como a criptografia, os sistemas de controlo de redes e o processamento de imagens. Isto deve-se ao facto de uma plataforma FPGA estar melhor posicionada para se adaptar à evolução dos requisitos das aplicações (Koch D, 2013). Há quatro instruções personalizadas que foram consideradas como extensões do processador MIPS e são descritas a seguir:

I. **Contar uns: Conta o número de uns num vetor de 32 bits.**

A contagem da ocorrência de bits no vetor é um algoritmo comum, denominado peso de Hamming, utilizado em criptografia e redes. Por exemplo, para determinar o número de erros de bits entre dois números binários num algoritmo de distância de Hamming, a deteção é obtida através da aplicação de portas XOR a esses números e, em seguida, da contagem de cada número, sendo o resultado o número de erros de bits (Schiller, 2003).

II. **CRC de 32 bits: recebe dois operandos de 32 bits e calcula um CRC.**

A verificação de redundância cíclica (CRC) é um dos métodos de deteção de erros mais utilizados nas redes e nos sistemas de armazenamento. É muito útil para detetar erros devidos a ruído no canal de transmissão da rede. Por exemplo, é utilizado o mesmo número entre o emissor e o recetor para detetar o erro. O cálculo do CRC é efectuado em ambos os lados e o resultado deve ser zero se não houver erro. O cálculo do CRC pode ser efectuado sequencialmente com um registo de deslocamento e portas XOR ou em paralelo apenas com portas XOR (Schiller, 2003).

III. **Zero à esquerda: Adicionar zeros antes do primeiro bit MSB num vetor de 32 bits.**

É o cálculo do número anterior de um vetor de bits que tem zero bits nos bits mais significativos (MSB) do vetor. É frequentemente utilizado em dispositivos electrónicos de visualização digital, por exemplo sob a forma de um ecrã de sete segmentos em aparelhos, ou para a ordem crescente de números ou para evitar fraudes em documentos financeiros (Miller, 2004).

IV. **Paridade: contar o número de vectores de 32 bits para gerar o bit de paridade.**

Este é um dos métodos de deteção de erros mais simples e mais populares. Pode ser utilizado como um caso especial de CRC quando se considera um CRC de 1 bit, ou pode ser utilizado com outros métodos, como a ponderação de Hamming, para calcular a distância de Hamming, tal como mencionado anteriormente, uma vez que apenas utiliza um número de portas XOR para o cálculo. Como resultado, o vetor de saída contém um bit de paridade no último bit significativo (LSB) no vetor de 32 bits, que é gerado utilizando portas XOR para indicar se o número de bits no vetor é par ou ímpar (Schiller, 2003).

V. 3.1 Definição e âmbito do sistema

O projeto global consiste em duas partes. Uma é a implementação de uma biblioteca de módulos de instruções personalizados, na qual implementamos módulos personalizados para diferentes operações, como CRC, contador de um, paridade, etc. A outra parte é a implementação da região PR da FPGA, que é utilizada para reconfigurar a região reconfigurável conforme necessário. A outra parte é a implementação da região PR da FPGA, que é utilizada para reconfigurar a região reconfigurável conforme necessário.

VI. .2 Arquitetura e componentes do sistema

Todo o sistema está dividido em duas áreas principais, a área estática e a área reconfigurável (ver Figura 14). A área estática contém toda a lógica principal, enquanto a área reconfigurável contém apenas o módulo definido pelo utilizador. A CPU MIPS é o principal processador de controlo do sistema e obtém instruções da ROM de instruções. A CPU MIPS decodifica as instruções e executa as operações desejadas. Quando a CPU MIPS encontra uma instrução que não está implementada em seu caminho de dados, ela inicia um gerenciador de intercetação de hardware e envia o opcode da operação desejada para o gerenciador de intercetação. O gestor de intercepções analisa o código de operação e verifica se a instrução pretendida já está carregada no módulo definido pelo utilizador e, em seguida, executa a operação. Se a instrução desejada não estiver carregada no módulo definido pelo utilizador, o gestor de configuração no gestor de interceção carrega o fluxo binário parcial utilizando a primitiva ICAP, que carrega um novo ficheiro binário parcial na área reconfigurável e executa a operação. Todo o processo é executado em hardware para obter a menor latência possível para a reconfiguração.

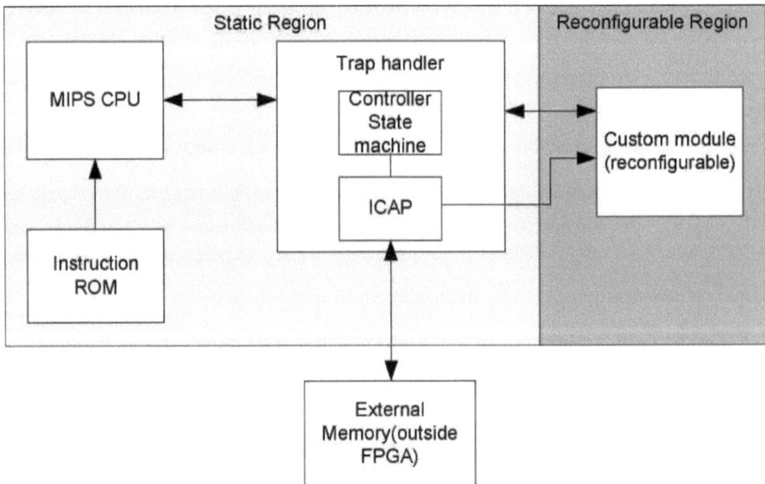

Figura 14 A conceção final do sistema.

O sistema funciona com um relógio de 50 MHz, derivado internamente de um relógio de primeiro nível, utilizando buffers globais BUFG para permitir o acesso ao relógio a alta velocidade e garantir o menor atraso possível entre o MIPS e os periféricos ligados ao barramento, que estão fisicamente muito afastados.

Processador soft-core MIPS

O núcleo da CPU baseia-se no conjunto de instruções MIPS I e está integrado no sistema como um processador de núcleo mole. É utilizado como um demonstrador de plataforma para aplicações reconfiguráveis.

extensões de comando. É também o módulo principal que controla todos os outros módulos e desencadeia uma armadilha quando ocorre uma exceção de comando definida pelo utilizador. A figura 15 mostra uma visão geral do MIPS.

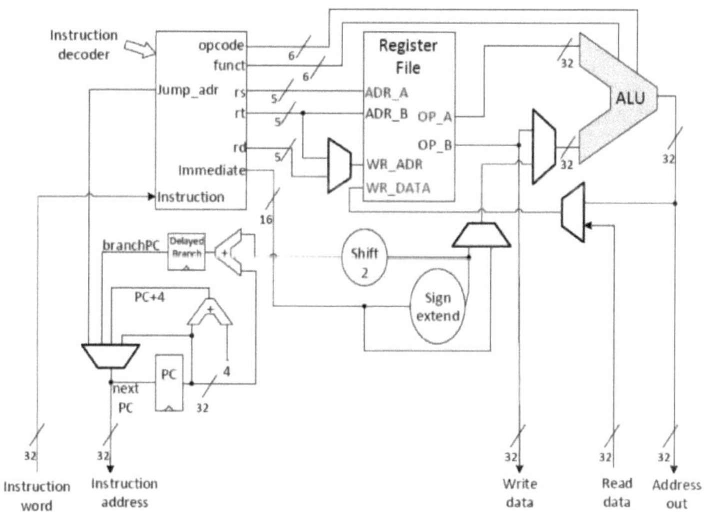

Figura 15 O MIPS não canalizado mostra os principais sinais e a lógica (Fritzell, 2013).

Módulos periféricos :

- Memória RAM: uma memória estática que se comporta como uma memória de escrita antes da leitura. Por outras palavras, os dados devolvidos durante um ciclo de escrita são os mesmos que foram escritos. O módulo de memória é sintetizado em memória de bloco interna na arquitetura Sparton 6 FPGA. (Doulos.com, 2015).
- GPIO: Entrada/saída de uso geral (GPIO), que abrange qualquer ligação com um pino de entrada ou saída. Estes podem ser controlados pelo utilizador em tempo de execução. Os pinos GPIO, como os LED e os interruptores, estão desactivados por defeito (Fritzell, 2013).
- ROM: este módulo contém o código de máquina para as instruções, sendo o endereço ROM utilizado como índice para esta memória. O código de máquina é gerado utilizando um compilador cruzado GCC, que compila o código C e o monta para produzir o código binário que pode ser utilizado nesta tabela.
- UART: recetor/transmissor assíncrono universal (UART). Um módulo UART pode ser adicionado ao sistema. Esta unidade permite ao utilizador controlar o funcionamento do CPU MIPS, do trap manager e de outros módulos, bem como verificar o estado do sistema. Além disso, o módulo UART também pode ser usado para carregar a configuração necessária para o módulo ICAP.
- Barramento do sistema: todos os módulos estão ligados por um protocolo de barramento

básico, constituído por : Sinal de entrada Chip Select (CS), sinal de entrada Write Enable (WR_en), sinal de entrada Address, sinal de entrada Writedata e sinal de saída Readdata, sendo o MIPS o único módulo mestre (Fritzell, 2013).

Módulo de controlo da configuração :

- O gestor de armadilhas

O Trap Handler é um módulo central e está localizado na região estática do projeto da FPGA. O Trap Handler está diretamente ligado à CPU MIPS através de um bus. Esse módulo pode ser facilmente modificado para que várias CPUs possam usá-lo para carregar a configuração nos locais desejados e executar operações. Sempre que a CPU MIPS encontra uma instrução que não está implementada em seu caminho de dados, há duas possibilidades: ou um stall ou o acionamento do manipulador de trap. O trap handler é implementado para evitar o mau funcionamento da CPU devido a uma instrução não implementada.

- A primitiva ICAP

Como estamos a utilizar a FPGA Spartan-6, a primitiva ICAP é utilizada para iniciar o processo de configuração (denominada ICAP_SPARTAN6). Ela é implementada na lógica fixa da FPGA. Esta primitiva pode ser utilizada para programar a lógica da FPGA de acordo com o utilizador. A Figura 16 mostra o diagrama de interface da primitiva ICAP Spartan-6 e a Tabela 3 contém uma descrição detalhada das portas de entrada e saída da primitiva.

Figura 16: Primitiva ICAP (Xilinx Inc, 2015).

Signal	Type	Function
CLK	Input	ICAP interface clock.
CE	Input	Active-Low ICAP interface select. Equivalent to CSI_B in the SelectMAP interface.
WRITE	Input	Read/Write control input. 0 = WRITE, 1 = READ. Equivalent to the RDWR_B signal in the SelectMAP interface.
I[15:0]	Input	16-bit-wide ICAP write data bus. The bit ordering is identical to the SelectMAP interface. See SelectMAP Data Ordering, page 39.
O[15:0]	Output	16-bit-wide ICAP read data bus. The bit ordering is identical to the SelectMAP interface. See SelectMAP Data Ordering in SelectMAP Data Ordering, page 39. The ICAP output should be captured in a device register. The packet buffer must be cleared for read data from a command to be presented on the O[15:0] bus. See Configuration Register Read Procedure (SelectMAP) and Configuration Memory Read Procedure (SelectMAP) for the correct procedure.
BUSY	Output	Active-High busy status. Only used in read operations. BUSY remains Low during writes.

Tabela 3 Descrições de utilização da porta ICAP_SPARTAN6 (Xilinx Inc, 2015).

- Módulos personalizados

Estão implementados no projeto quatro comandos definidos pelo utilizador. Estes comandos são os seguintes: CRC-32, contador de um, sinalizador de paridade e contador de zero à esquerda. O conceito de cada comando definido pelo utilizador provém de diferentes fontes, por exemplo, o gerador de CRC utilizado para criar o módulo de comando CRC-32 definido pelo utilizador (Outputlogic.com, 2015).

A cada módulo implementado é atribuída uma ID PERSONALIZADA para o distinguir de outros módulos. Outras instruções definidas pelo utilizador podem ser implementadas e adicionadas ao sistema, atribuindo a cada instrução definida pelo utilizador uma ID PERSONALIZADA única, como se mostra na Figura 17.

O CUSTOM-ID é avaliado pelo descodificador de comandos da CPU MIPS para iniciar o módulo correspondente ou para desencadear o processo de configuração através do gestor de armadilhas de hardware.

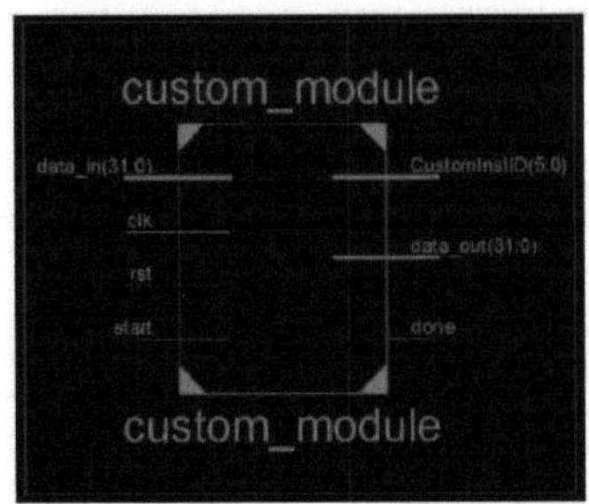

Figura 17 Módulo definido pelo utilizador.

Capítulo 4

4 Aplicação

Este capítulo analisa o aspeto da implementação, bem como as questões e desafios técnicos.

4.1 Núcleo básico de software MIPS

Como a implementação do núcleo de software é muitas vezes exigente e requer muitos ficheiros de design, foi utilizada a mesma ideia de implementação MIPS proposta por Fritzell (2013) para a implementação do núcleo da CPU no sistema, num único ficheiro HDL. Este ficheiro foi modificado para suportar módulos dinamicamente reconfiguráveis.

A favor e contra

O estilo de implementação simples do CPU MIPS no sistema tem várias vantagens. O CPU MIPS é pequeno, funciona a 50 MHz e fornece 50 milhões de instruções por segundo, o que pode ser mais do que muitos microcontroladores. Além disso, a CPU interceptará a instrução definida pelo utilizador se esta não estiver disponível e devolverá automaticamente o resultado correto ao ficheiro de registo, ou seja, será combinada com um gestor de armadilhas que gerirá o processo de configuração de forma inteligente.

Uma desvantagem é o facto de a CPU se tornar um processador específico da aplicação quando as extensões de adaptação são tidas em conta, mas a CPU MIPS propriamente dita só é utilizada como uma máquina de estados alargada para o controlador de configuração. Se a CPU MIPS ainda for demasiado grande para a aplicação ou se a aplicação precisar de aumentar a sua velocidade de execução, a redução do tamanho da memória e a remoção de instruções não utilizadas podem ser uma solução (Yiannacouras, et al., 2006).

Formação em bicicleta

Embora a maioria das CPU RISC sejam concepções de pipeline de 5 níveis, o cálculo de uma instrução por ciclo nos níveis do pipeline exige que os riscos em cada nível sejam tratados através da adição da lógica de controlo adequada.

O MIPS não-pipelinado deste projeto executa uma instrução por ciclo, sem necessidade de deteção e gestão de perigos. O código VHDL para o MIPS não-pipelizado no Apêndice A destaca os blocos mais importantes: o descodificador de instruções, o ficheiro de registos, a ALU e o contador de programas. Estes podem gerir a execução de uma instrução num ciclo de relógio. O código MIPS tem, por conseguinte, longos caminhos de atraso de propagação entre flip-flops, que têm de ser minimizados para se conseguir uma frequência de relógio elevada.

Para permitir a execução de uma instrução por ciclo, usamos um "truque" para evitar ter de esperar um ciclo de relógio antes de ir buscar a memória de instruções. A memória de instruções recebe o endereço da próxima instrução imediatamente antes do início da próxima borda de relógio. Isto significa que a palavra de instrução está disponível no início do ciclo de relógio atual. Como mostra a Figura 18, o endereço do PC seguinte é enviado para a memória de instruções e não para o PC, porque a leitura da instrução a partir de uma BRAM tem de ser síncrona para evitar um atraso de leitura de um ciclo de relógio. Neste caso, o tempo pode ser afetado porque o endereço da instrução seguinte, que ocorre após um longo percurso de ligação, tem de cumprir os requisitos de configuração na entrada da memória de instruções.

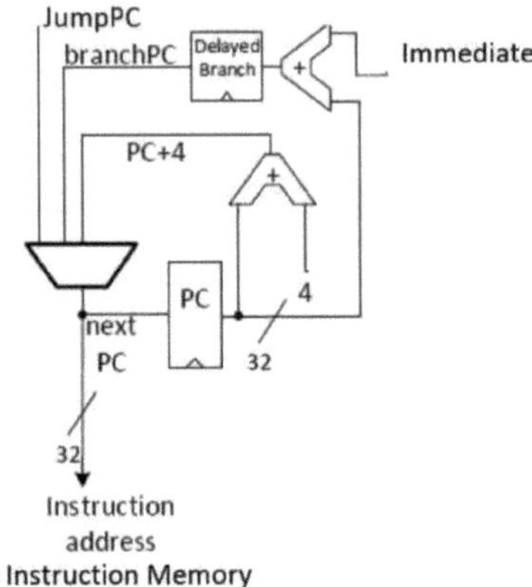

Figura 18 Visão geral do processo de contagem de programas, que consiste em lógica adicional e flip-flops para lidar com instruções de ramificação e salto (Fritzell, 2013).

Ligação tardia

A ramificação atrasada é uma técnica utilizada para evitar os efeitos dos "perigos" de dependência de controlo em MIPS com pipeline, e é utilizada em MIPS sem pipeline para tratar as instruções de ramificação e salto, como já ilustrado na Figura 18. Quando o desvio é efectuado, a instrução seguinte, que se segue à instrução de desvio, é executada antes de o desvio ou salto para o novo endereço ser efectuado. Adicionando lógica e flip-flops adicionais, podemos processar o endereço de ramificação quando o intervalo de timeout é executado. É por isso que o código MIPS executa frequentemente instruções NOP após a instrução de ramificação ou salto.

Codificação da encomenda

O código VHDL da MIPS descodifica primeiro a palavra de instrução de acordo com a codificação do conjunto de instruções descrita no MIPS32 Instruction Set Reference Manual (MIPS Technologies, 2003) para fornecer os dados que podem ser processados pela ALU. O resultado de saída é armazenado no ficheiro de registo. **Instruções multi-ciclo**

A maioria das instruções são implementadas de forma simples, ou seja, são executadas num ciclo de relógio. No entanto, alguns comandos têm um caminho crítico no código e podem afetar o tempo e o desempenho. Por conseguinte, têm de ser implementados como instruções multi-ciclo. As instruções de multiplicação e divisão com e sem sinal são exemplos. Como as instruções de divisão podem consumir muitos recursos e raramente são utilizadas, a instrução indefinida é tida em conta quando a instrução de divisão aparece. No entanto, isto não é um problema, pois podemos adicioná-la como um comando definido pelo utilizador, uma função de software ou um comando multiciclo, se necessário.

A instrução de multiplicação é implementada através da ativação dos blocos DSP na ferramenta de síntese. O objetivo é utilizar plenamente os recursos do dispositivo e aumentar o desempenho, permitindo que a multiplicação seja implementada nos blocos DSP. A Figura 19 ilustra a multiplicação que pode ser realizada com os registos HI e LO adicionais (a instrução Div também utilizaria os registos HI e LO). Isto foi conseguido utilizando o editor de restrições no ISE para limitar as atribuições de caminhos combinacionais entre a saída da memória de instruções e as entradas dos registos HI e LO, para permitir a operação multi-ciclo por caminho em hardware. Além disso, é utilizado um sinal de interrupção durante a execução de vários ciclos para

CPU MIPS durante a execução multiciclo. Como resultado, dois ciclos de clock (ou mais, se necessário) são executados quando as instruções de multiplicação são executadas. Para que isto seja possível, temos de impedir que o PC e o ficheiro de registo sejam actualizados durante um ciclo (ou seja, temos de bloquear a CPU).

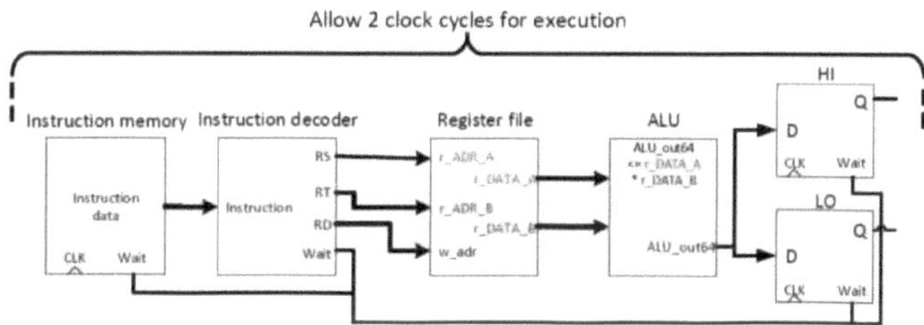

Figura 19 Caminho de dados para a multiplicação, com dois ciclos de relógio disponíveis para execução.

(Fritzell, 2013).

Instruções para as armadilhas

Se a instrução estiver disponível, o resultado é devolvido ao ficheiro de registo. No entanto, se a instrução não estiver disponível, mas for definida como uma instrução definida pelo utilizador, a CPU MIPS irá fazer o trap dessa instrução para ser processada pelo gestor de trap.

4.2 Instrução definida pelo utilizador no software

O suporte para comandos personalizados no software foi conseguido através da modificação do compilador cruzado GCC para a arquitetura MIPS. A codificação para o conjunto de instruções MIPS I pode ser encontrada no código C dentro dos ficheiros binários que contêm a pasta opcode do compilador.

O ficheiro fonte mips-opc.c contém todas as instruções de assemblagem definidas no conjunto de instruções MIPS-I, bem como uma série de UDIs (instruções definidas pelo utilizador). O formato das UDIs é semelhante ao formato das instruções R-TYPE definidas na secção 2.2.3. Consequentemente, as instruções UDI têm o mesmo código de operação e são diferenciadas pelo campo de função, que se situa entre 0x70000010 e 0x7000001f. No total, 16 instruções de utilizador individuais não são utilizadas. Os programadores podem, por conseguinte, acrescentar 16 instruções adicionais diretamente a um sistema.

Para implementar comandos definidos pelo utilizador em software, apenas deve ser utilizada a codificação de qualquer comando na gama de comandos UDIs. Ao explorar a semelhança de formato com os comandos R-TYPE, um dos comandos definidos pelo utilizador pode ser modificado para o mesmo formato R-TYPE, por exemplo, o comando XOR (Fritzell, 2013) :

- Coping the XOR instruction:

{"xor", "d,v,t",0x00000026, 0xfc0007ff,WR_d|RD_s|RD_t,0,I1 },

- Choosing any UDI instruction such as the following:

{"udi0", "s,t,d,+1", 0x70000010, 0xfc00003f, WR_d|RD_s|RD_t, 0, I33 },

- A small change to the UDI instruction name to be CUSTOM by modifying the format to be the same XOR will be done:

{"custom", "d,v,t", 0x70000010, 0xfc0007ff, WR_d|RD_s|RD_t, 0, I1 },

```
{"ffint_s.w",     "+d,+e",      0x7b3c001e, 0xffff003f, WR_1|RD_2,        $
{"ffint_s.d",     "+d,+e",      0x7b3d001e, 0xffff003f, WR_1|RD_2,        $
{"ffint_u.w",     "+d,+e",      0x7b3e001e, 0xffff003f, WR_1|RD_2,        $
{"ffint_u.d",     "+d,+e",      0x7b3f001e, 0xffff003f, WR_1|RD_2,        $
{"ctcmsa",        "+1,d",       0x783e0019, 0xffff003f, RD_2|CM,          $
{"cfcmsa",        "+k,+n",      0x787e0019, 0xffff003f, WR_1|CM,          $
{"move.v",        "+d,+e",      0x78be0019, 0xffff003f, WR_1|RD_2,        $

/* User Defined Instruction.  */
/*{"udi0",        "s,t,d,+1",   0x70000010, 0xfc00003f, UDI,              $
{"custom",        "d,v,t",      0x70000010, 0xfc0007ff, WR_1|RD_2|RD_3,   $
{"udi0",          "s,t,+2",     0x70000010, 0xfc00003f, UDI,              $
{"udi0",          "s,+3",       0x70000010, 0xfc00003f, UDI,              $
{"udi0",          "+4",         0x70000010, 0xfc00003f, UDI,              $
{"udi1",          "s,t,d,+1",   0x70000011, 0xfc00003f, UDI,              $
```

Figure 20 Adding Custom instruction in the compiler.

Como mostrado na Figura 20, o compilador cruzado GCC é recompilado com a nova instrução definida pelo utilizador

```
__asm__ ("nop\n\t"
        "custom %0, %1, %2\n\t"
        :"=r" (z)
        :"r" (x), "r" (y));
```

Note: x, y and z are the input operands and the result respectively.

- Em seguida, o seguinte conjunto em linha é utilizado dentro do código C para chamar a implementação de software do comando definido pelo utilizador.

4.3 Configuração dos módulos do controlador

I. Armadilha

O trap manager é o módulo que trata da exceção detectada pela CPU MIPS. A CPU MIPS lê as instruções na ROM de comando e as decodifica. Em seguida, executa-as. Se a instrução recebida não estiver implementada na CPU MIPS, é gerada uma exceção. A CPU MIPS pede então ao gerenciador de intercetação para tratar a exceção. A operação do gerenciador de armadilhas é controlada por uma máquina de estados. A Figura 21 mostra o diagrama de estados do gerenciador de trap.

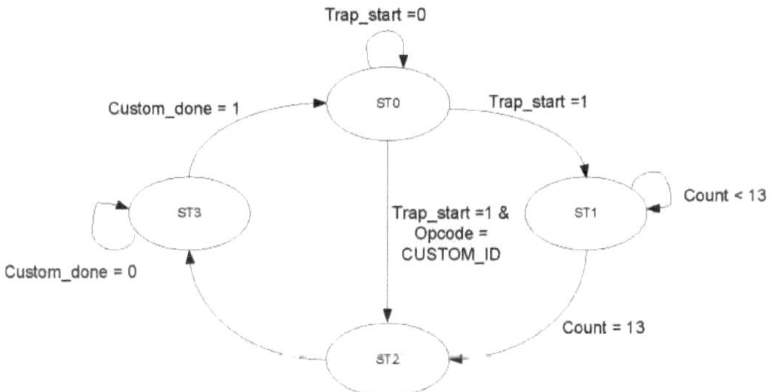

Figura 21 Máquina de estado do Trap Handler.

Existem quatro estados na máquina de estados. ST0 é o estado de reinicialização e o sistema está normalmente neste estado. Aqui, ele aguarda o sinal de início de intercetação da CPU MIPS. Se ocorrer uma exceção no CPU MIPS, este envia o sinal de início de armadilha para o gestor de armadilhas. Depois de receber este sinal, a máquina do estado muda para ST1 ou ST2. Se o código de operação solicitado for igual ao ID PERSONALIZADO atualmente carregado, o ficheiro binário parcial não deve ser carregado e a máquina de estados muda para ST2. Caso contrário, a máquina de estados muda para ST1, onde dá instruções à primitiva ICAP para carregar o ficheiro de bits parcial no módulo definido pelo utilizador. O processo de configuração normalmente leva milhares de ciclos, por isso usamos um contador para monitorar o sinal de leitura de configuração do ICAP antes de passar para ST2. Em ST2, o gestor de armadilhas envia um sinal de início para o módulo definido pelo utilizador e em ST3 espera que este complete o processo.

A cada módulo personalizado é atribuído um código de operação e um endereço únicos, como mostra a Tabela 4 abaixo.

Custom Module Name	Opcode	Address
CRC-32	010000	X"100000"
Ones Counter	100001	X"200000"
Parity	010001	X"300000"
Leading Zero Counter	100000	X"400000"

Tabela 4 Endereço e ID das instruções personalizadas

II. ICAP primário

O controlador ICAP pode ser utilizado de várias formas. Se for considerada uma UART para ligação a um computador anfitrião, então o controlador ICAP depende do utilizador para iniciar uma transação UART para reconfigurar a FPGA. No entanto, a forma mais automática é carregar uma configuração na memória flash SPI e recuperá-la a partir daí. É esta última opção que é utilizada neste projeto. Uma primitiva ICAP é instanciada dentro do gerenciador de armadilhas para permitir que os arquivos de configuração sejam carregados, de modo que a região reconfigurável seja reprogramada de acordo com a lógica desejada. Conforme descrito pela Xilinix Inc., a primitiva ICAP é instanciada dentro do gerenciador de trap para permitir o carregamento de arquivos de configuração, de modo que a região reconfigurável seja reprogramada de acordo com a lógica desejada.

> "Os FPGAs Spartan 6 têm lógica MultiBoot dedicada, que é usada para reconfiguração Fallback e MultiBoot (IPROG). Quando ocorre o fallback ou o IPROG, um pulso gerado internamente redefine toda a lógica de configuração, exceto a lógica MultiBoot dedicada. O comando IPROG (PROGRAM_B interno) pode ser enviado através de ICAP_SPARTAN6 ou bitstream" (2015).

Configuration Data (hex)(1)	Explanation
FFFF	Dummy Word
AA99	Sync Word
5566	Sync Word
3261	Type 1 Write 1 Words to GENERAL_1
XXXX	MultiBoot Start Address [15:0]
3281	Type 1 Write 1 Word to GENERAL2(2)
XXXX	Opcode and MultiBoot Start Address [23:16]
32A1	Type 1 Write 1 Word to GENERAL3
XXXX	Fallback Start Address [15:0]
32C1	Type 1 Write 1 Word to GENERAL4(2)
XXXX	Opcode and Fallback Start Address [23:16]
30A1	Type 1 Write 1 Word to CMD
000E	IPROG Command
2000	Type 1 NO OP

Tabela 5 Um exemplo de fluxo de bits para o comando IPROG utilizando ICAP (Xilinx Inc, 2015).

A sequência de comandos mostrada na tabela acima é descrita em detalhes no Guia do usuário de configuração do FPGA Spartan-6 (Xilinx Inc, 2015). Uma vez que o comando IPROG tenha sido enviado para a lógica de configuração, o FPGA reinicia tudo, exceto a lógica de reconfiguração dedicada. Em seguida, o valor do fluxo de bits é carregado no endereço inicial. A área estática não é, portanto, afetada por este processo.

4.4 Formação informática personalizada

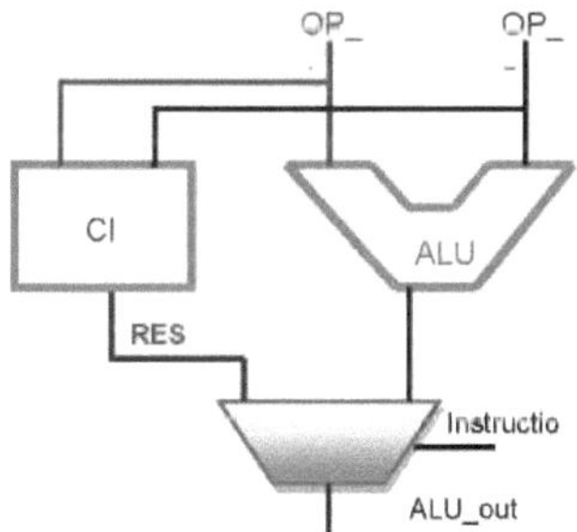

Figura 22 Comandos definidos pelo utilizador (UDC) como extensão da UAL

A Figura 22 mostra a CPU MIPS com instruções definidas pelo utilizador como uma extensão da ALU original. Podem ser utilizados um ou dois operandos de entrada de 32 bits e é calculada uma saída de 32 bits. A adição de instruções personalizadas ao sistema pode acelerar o tempo de execução de uma aplicação, como já foi referido. Utilizando as ferramentas GoAhead, foram implementados módulos de aceleração reconfiguráveis em tempo de execução numa região PR com uma abordagem lógica proxy à comunicação.

A Figura 23 ilustra a comunicação entre o módulo de reconfiguração estática e o módulo de reconfiguração parcial. A lógica proxy é utilizada como uma primitiva de ligação, que não é mais do que uma tabela de consulta em modo de passagem. Actua como substituto da parte inexistente do sistema, ou seja, substitui o módulo parcial quando implementa o sistema estático e o sistema estático quando implementa o acelerador de comandos personalizados reconfigurável. São utilizados os mesmos fios para a comunicação entre o sistema estático e a parte reconfigurável.

A Figura 23 mostra também que os diferentes módulos de instruções personalizadas utilizam uma lógica diferente, mas têm exatamente a mesma interface com a CPU (incluindo o encaminhamento).

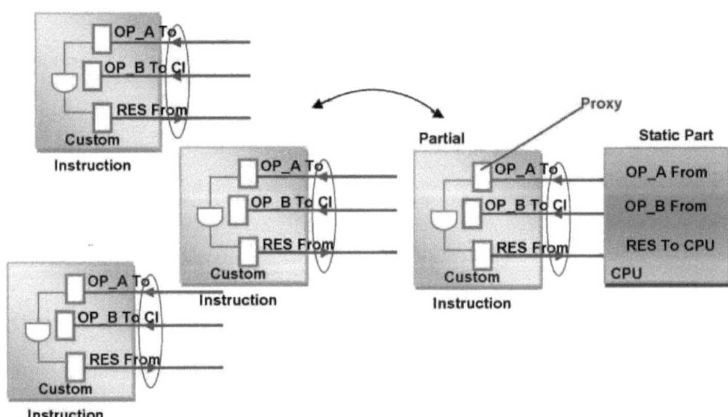

Figura 23 Comunicação On-FPGA para instruções definidas pelo utilizador.

Implementação de sistemas estáticos

A Figura 24 apresenta uma imagem do sistema estático. Esta mostra os sinais dos operandos (OP_A, OP_B) no lado esquerdo e o sinal de resultado é recolhido no lado direito. O número de fios ligados à região PR pela parte estática do sistema é quatro para a primitiva de ligação. Por conseguinte, são necessárias 8 primitivas de ligação para cada um dos sinais de interface de 32 bits (OP_A, OP_B e RES).

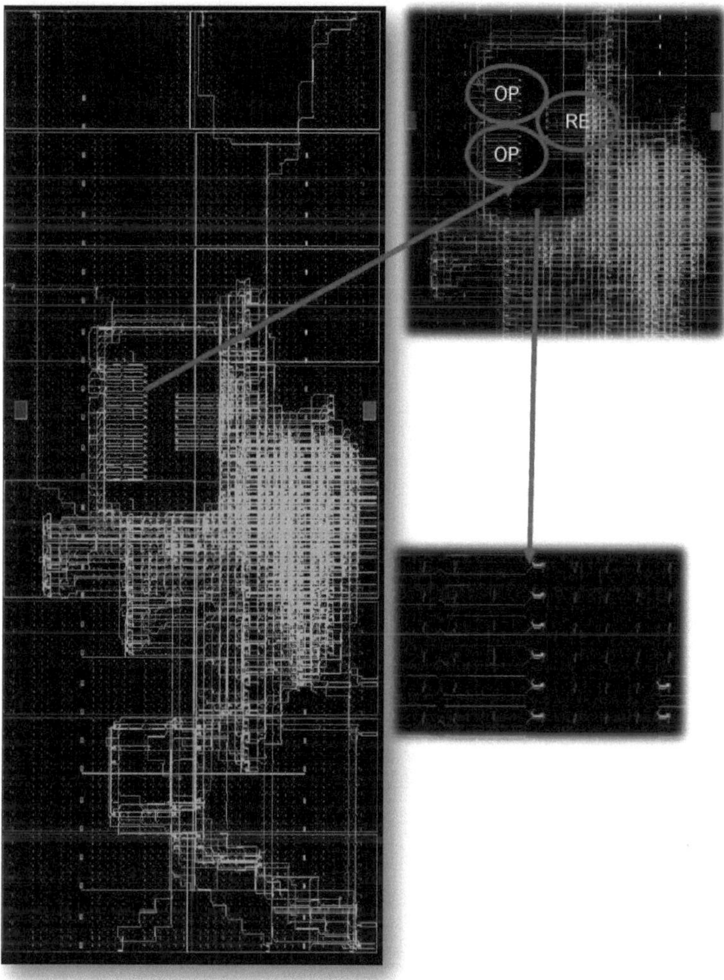

Figura 24 Instalação estática

Instruções reconfiguráveis

Os módulos reconfiguráveis são implementados na ausência do sistema estático, como mostra a imagem de ecrã da figura 25. Para a implementação parcial do módulo, é utilizada a mesma primitiva com o outro lado ainda não ligado a OP_A para CI e OP_B para Ci e RES_from CI. A Figura 25 mostra que o módulo CRC é ligado onde o desenho estático termina com a lógica proxy. O invólucro de comando personalizado foi gerado automaticamente pela ferramenta GoAhead.

Como a saída do resultado não está ligada à palavra exterior (ou seja, o caminho termina nas primitivas de ligação), as ferramentas FPGA removeriam normalmente toda a lógica e encaminhamento para a primitiva de saída. Para evitar isto, todos os sinais de interface receberam um atributo Keep (específico das ferramentas do fornecedor Xilinx), o que acaba por resultar num desenho vazio.

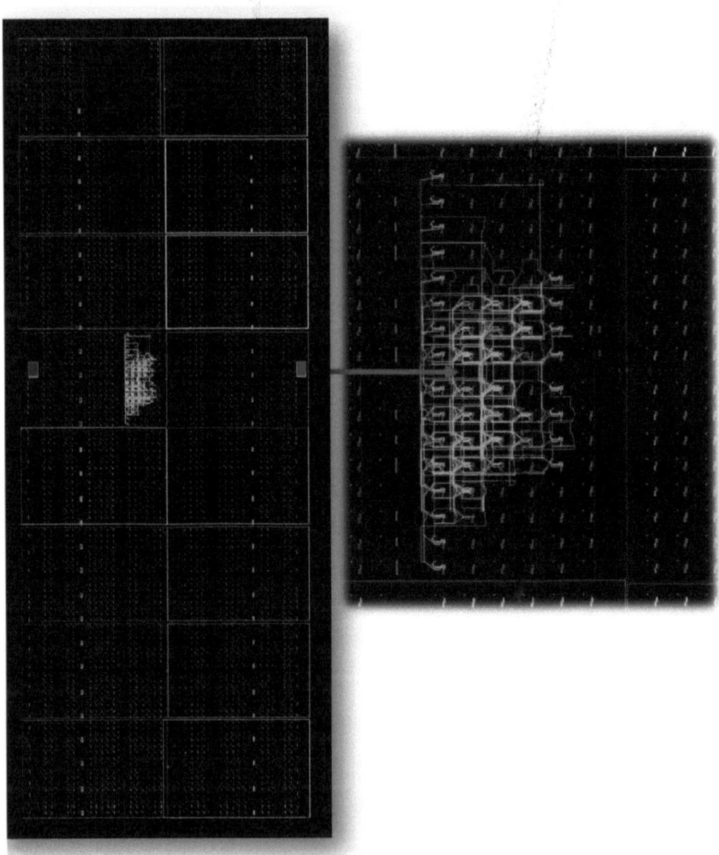

Figura 25 Parcial : O exemplo mostra a implementação da instrução CRC.

Utilizar a ferramenta GoAhead

O GoAhead oferece uma interface gráfica de utilizador e uma interface de scripting. A Figura 26 mostra uma imagem do ecrã da ferramenta. A interface gráfica do utilizador é geralmente utilizada para criar scripts. O script gera então todas as restrições necessárias no sistema. As restrições geradas para este sistema são utilizadas para duas tarefas importantes. A primeira é impedir a utilização de recursos na região do PR. Por outras palavras, o encaminhamento é bloqueado na região de BP e não são utilizadas primitivas lógicas. Outra tarefa é criar restrições para a colocação de primitivas de conexão.

Os passos seguintes são utilizados para ambas as implementações (estática e parcial) com GoAhead, como mostra a imagem de ecrã da Figura 26 :

1. A descrição do dispositivo é carregada
2. Definir a região no GoAhead. Ao escolher elementos entre 72 e 79, existem exatamente 8 elementos e, por conseguinte, 8 percursos.
3. Coloque as macros de ligação na região PR utilizando a ferramenta de colocação de macros no GoAhead.
4. Criar a primitiva de ligação nesta zona. 4 fios de entrada para a primitiva de ligação, para criar uma zona de 8 ladrilhos (ou seja, CLBs).
5. Todo o encaminhamento dentro da região PR é bloqueado, com exceção dos operandos e dos vectores de resultados. O bloqueador é então exportado para XDL, um formato de lista de rede específico da Xilinx que não é investigado mais detalhadamente neste projeto.
6. Instalar as macros de ligação como mostra a Figura 27. O nome da primitiva é "OP_A connect" e tem a entrada "OP_A from CPU" como nome da VDHL.
7. Em seguida, o ficheiro de restrições de design (ficheiro UCF) gerado pelo GoAhead deve ser atualizado com as restrições de colocação para a região PR.

Para criar o fluxo de bits, as implementações estáticas e parciais devem ser criadas em conjunto. Isto pode ser feito copiando a descrição textual das listas de rede XDL e fundindo-as.

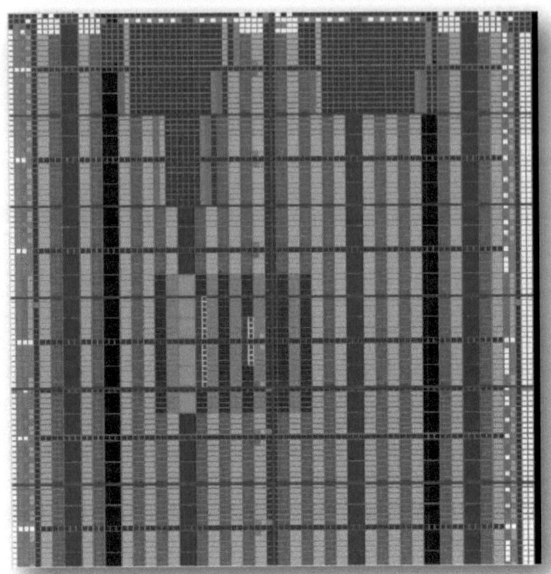

Figura 26 GUI do GoAhead.
A interface gráfica do utilizador GoAhead

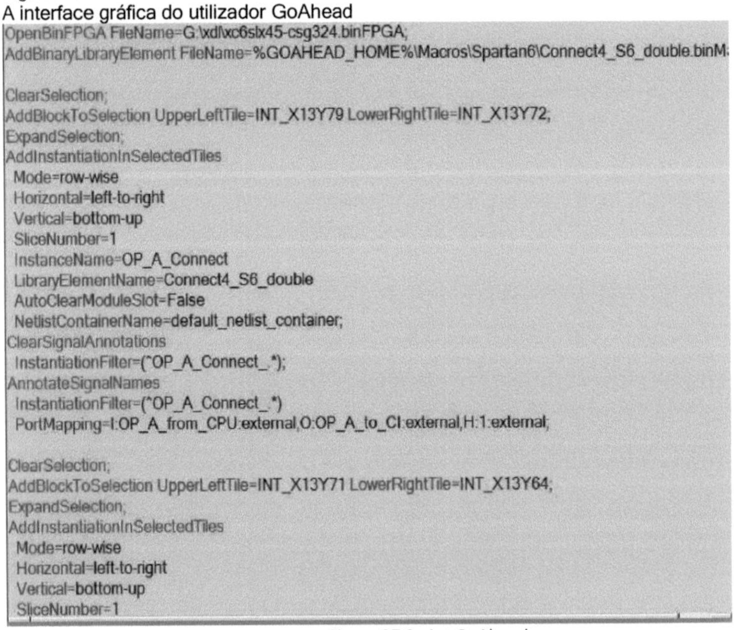

```
OpenBinFPGA FileName=G:\xdl\xc6slx45-csg324.binFPGA;
AddBinaryLibraryElement FileName=%GOAHEAD_HOME%\Macros\Spartan6\Connect4_S6_double.binM

ClearSelection;
AddBlockToSelection UpperLeftTile=INT_X13Y79 LowerRightTile=INT_X13Y72;
ExpandSelection;
AddInstantiationInSelectedTiles
 Mode=row-wise
 Horizontal=left-to-right
 Vertical=bottom-up
 SliceNumber=1
 InstanceName=OP_A_Connect
 LibraryElementName=Connect4_S6_double
 AutoClearModuleSlot=False
 NetlistContainerName=default_netlist_container;
ClearSignalAnnotations
 InstantiationFilter=(^OP_A_Connect_.*);
AnnotateSignalNames
 InstantiationFilter=(^OP_A_Connect_.*)
 PortMapping=I:OP_A_from_CPU:external,O:OP_A_to_CI:external,H:1:external;

ClearSelection;
AddBlockToSelection UpperLeftTile=INT_X13Y71 LowerRightTile=INT_X13Y64;
ExpandSelection;
AddInstantiationInSelectedTiles
 Mode=row-wise
 Horizontal=left-to-right
 Vertical=bottom-up
 SliceNumber=1
```

Figura 27 Script GoAhead.

4.5 Os desafios da implementação

- Trabalhar neste projeto durante três meses foi um grande desafio. Além disso, trabalhei em diferentes fases e em diferentes ferramentas e passei várias semanas a aprender a utilizar cada uma delas.

- O compilador cruzado GCC para MIPS no Windows não é uma tarefa fácil e leva muito tempo para ser configurado.
- A plataforma Nexys3 em que o sistema funciona não tem interfaces externas, como áudio e vídeo, o que limita a usabilidade do dispositivo. Outra dificuldade em testar o sistema foi a sua elevada frequência de relógio. A GPIO e a UART são muito lentas.
- Como o modelo SPI do Nexys3 não é claro e não consta da documentação, foi difícil testar a reconfiguração. Tive de passar alguns dias a testar o código nesta placa. Mais tarde, porém, tive de mudar de placa e testar o código numa nova placa. Tive de alterar a configuração de IO da placa para poder executar o código.
- Função de arranque múltiplo com reconfiguração parcial. Esta é uma nova abordagem que nunca foi utilizada antes. Tive de ler vários livros e passei várias semanas a aprender esta função.
- Ao implementar a reconfiguração parcial, cada projeto tem nomes diferentes para as primitivas, pelo que não está terminado

Capítulo 5

5 Exame, resultados e avaliação

Este capítulo apresenta as simulações e os testes do sistema, bem como os resultados e a avaliação.

5.1 Exame

Todo o sistema é simulado usando o Test Bench no pacote Xilinx ISE. A Figura 27 mostra o funcionamento do CPU MIPS, a leitura das instruções da ROM e a sua descodificação, bem como o incremento do endereço no contador de programa e a execução do atraso de ramificação.

a)

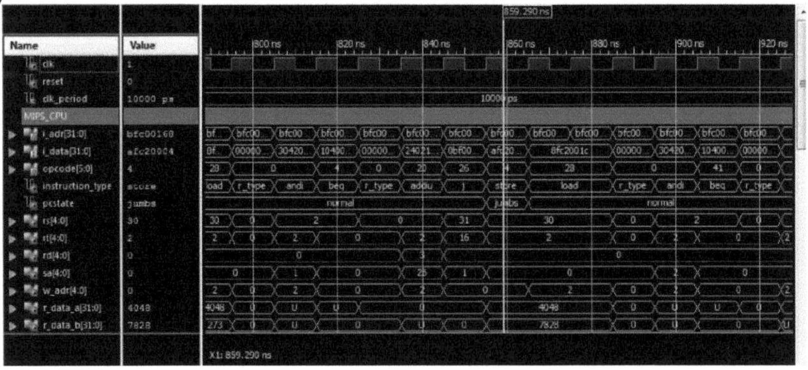

b)

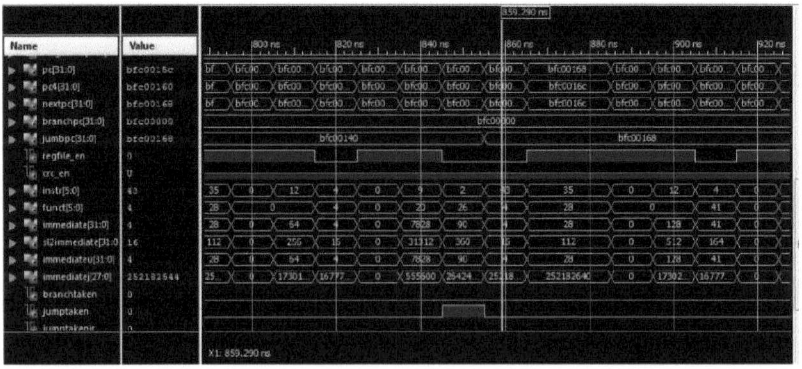

c)

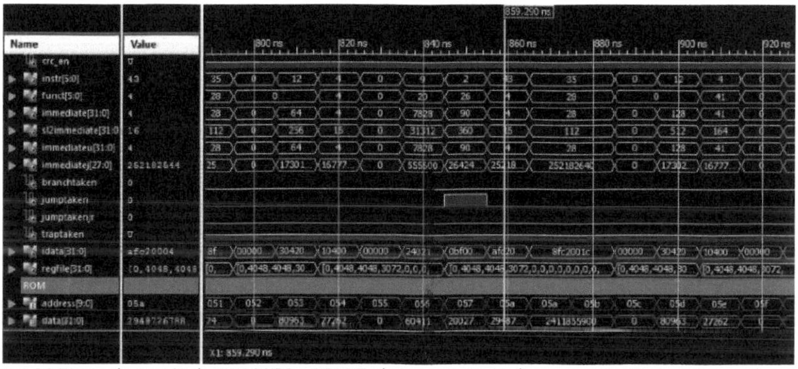

Figura 28 Banco de ensaio da CPU MIPS e ROM Todas as imagens a, b e c representam um banco de ensaio que mostra diferentes sinais, por exemplo A) codificação e descodificação de instruções e funções ALU b) funcionalidade do contador de programas e c) atraso de ramificação e funções ROM.

Modalismo Simulação de módulos de controlo definidos pelo utilizador

Foram criadas simulações para módulos de controlo personalizados e foi verificada a funcionalidade de diferentes módulos de controlo personalizados. A Figura 29 mostra os resultados da simulação para o módulo CRC-32. Pode ver-se que o CRC-32 é gerado e enviado para o barramento crc_out quando crc_en é elevado.

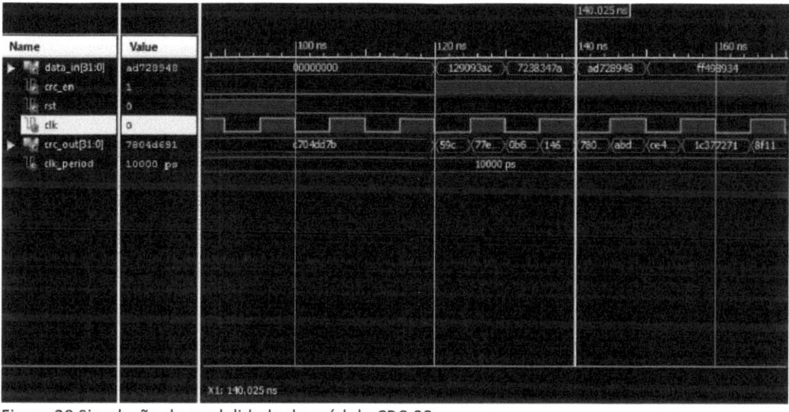

Figura 29 Simulação da modalidade do módulo CRC-32.

mostra os resultados da simulação de um módulo de contagem. Aqui podemos ver que os dados são fornecidos ao barramento data_in e são comutados de acordo com os intervalos de relógio e que a saída correspondente é gerada no barramento de saída.

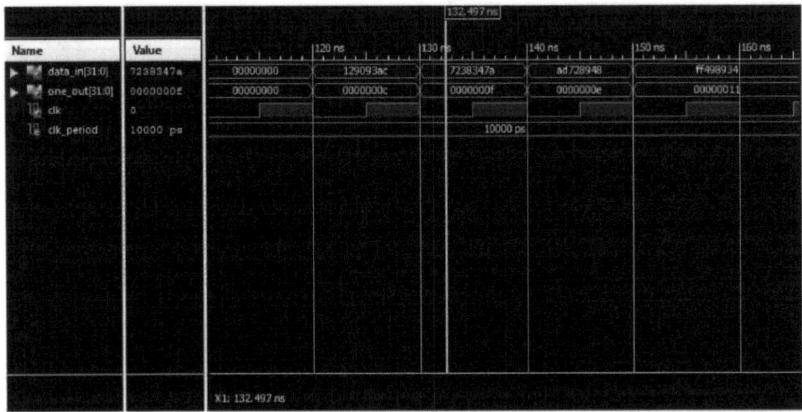

Figura 30 Simulação de uma modalidade de módulo de contador.

Figure (30) mostra o resultado da simulação do módulo de geração de paridade. Aqui podemos ver que os dados são introduzidos no barramento data_in e modificados em intervalos de relógio, e que, como resultado, a saída é gerada no barramento de saída.

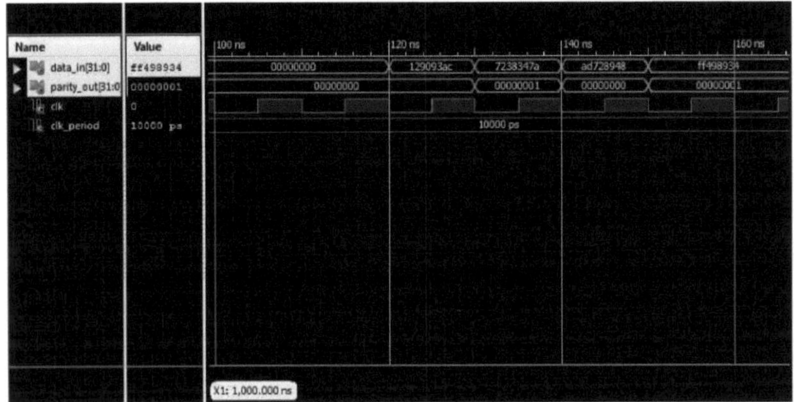

Figura 31 Simulação da modalidade do módulo de geração de paridade.

Figure (32) mostra os resultados da simulação do módulo de pré-contagem zero. Podemos ver aqui que os dados são fornecidos ao barramento data_in e são modificados no intervalo de relógio, nos resultados, a saída é gerada no barramento de saída.

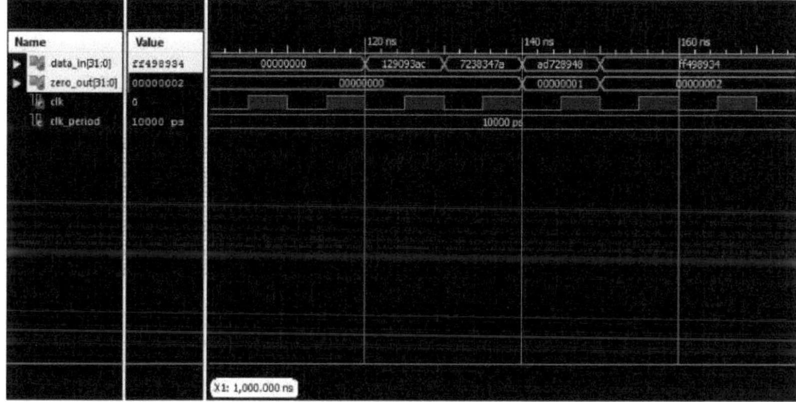

Figura 32 Simulação da modalidade de módulo para o contador de zero à esquerda.

Modalismo Simulação do gestor de armadilhas

São efectuadas duas simulações para simular o gestor de intercepções. A primeira simulação diz respeito ao gestor de intercepções baseado no Mux e a outra ao gestor de intercepções baseado no ICAP. A figura (33) mostra o resultado da simulação do gestor de intercepções baseado no Mux. Mostra como este módulo se comporta quando o código de operação e os dados são modificados na entrada.

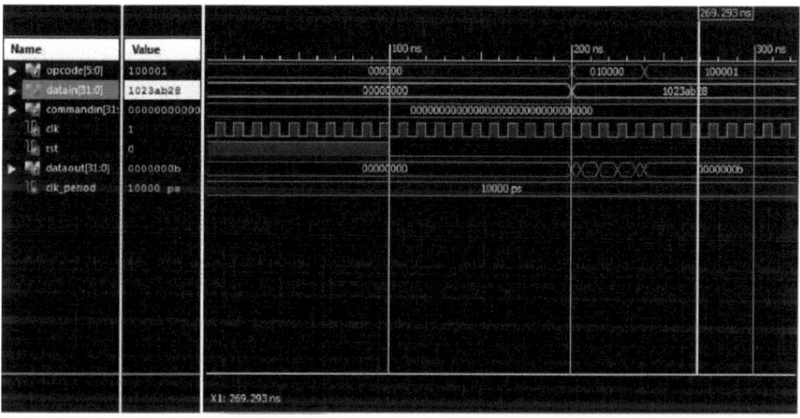

Figura 33 Simulação de uma modalidade de trap manager baseada no Mux.

A Figura (34) mostra a simulação do módulo Trap-Handler. Pode ver-se que a máquina de estados começa a mover-se após o sinal trap_start, envia um comando para a primitiva ICAP e, quando este está concluído, inicia o módulo definido pelo utilizador.

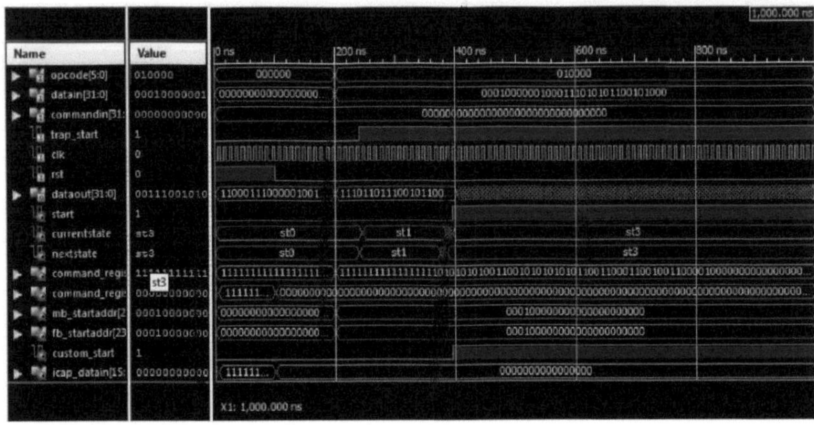

Figura 34 Simulação da modalidade de um trap manager baseado no ICAP.

Software e testes

O seguinte código C é compilado utilizando um compilador cruzado para MIPS, com o código de máquina introdutório utilizado em ROM.

```
/* read switches and write to leds*/
#define LEDS_BASE_ADDERSS 0x10001000
#define SWS_BASE_ADDERSS 0x10000010
#define RESET_BASE_ADDRESS 0xBFC00000
int main()
{ int temp = 0;
   int * RED_LED = (int*)LEDS_BASE_ADDERSS;
   volatile* SWITCHES = (int*)SWS_BASE_ADDERSS;
```

```
while(1){
    temp = *SWITCHES;
    if (temp == 8)
        *RED_LED = ~0x80;
    else if (temp == 7)
        *RED_LED = ~0x40;
    else if (temp == 6)
        *RED_LED = ~0x20;
    else if (temp == 5)
        *RED_LED = ~0x10;
    else if (temp == 4)
        *RED_LED = ~0x08;
    else if (temp ==3)
        *RED_LED=~0x04;
    else if (temp ==2)
        * RED_LED=~0x02;
    else if (temp ==1)
        * RED_LED=~0x01;
    else
        *RED_LED=~0x00;
} return 0; }
```

Ensaio de módulos reconfiguráveis :

O processo de reconfiguração é testado descarregando seletivamente os fluxos de bits de configuração para as quatro instruções definidas pelo utilizador e o fluxo de bits diferencial para a memória SPI utilizando o iMPACT, conforme ilustrado em Tapp (2010). A documentação da Xilinx (Configuring Xilinx FPGA with SPI Serial Flash) descreve os passos em pormenor. Cada bitstream de configuração é alocado a uma região específica. Neste projeto, a placa de desenvolvimento Nexys3 deve ser utilizada para testes, uma vez que é o anfitrião do nosso sistema. No entanto, como a interface do modelo Nexys3 SPI é difícil de ler e pouco clara na documentação, a placa de desenvolvimento Atlys é usada para este teste.

Como a placa Nexys3 não possui interfaces externas, como áudio e vídeo, a única entrada e saída para este sistema é o módulo GPIO, e um módulo UART não é levado em consideração. Por isso, testar apenas com o módulo GPIO não faz sentido devido à elevada taxa de relógio. Uma forma de efetuar o teste é implementar o ICAP_SAPRTAN-6 com a função multiboot utilizando um sistema simples, como portas lógicas básicas (AND, XOR, NOR... etc.) que podem ler interruptores como entradas, sendo a lógica utilizada para apresentar a saída como um LED para ver as diferenças quando o módulo é alterado para outro módulo lógico.

5.2 Resultados

Os custos dos recursos do sistema para a primeira abordagem e os custos dos recursos do sistema para a abordagem final do sistema são apresentados no Quadro 6.

Approach	Nr of LUT	Nr.of Slices	Latency
MUX based trap handler	246	1798	20.011ns
ICAP based trap handler	438	1370	18.125ns

Tabela 6 Recursos necessários para o controlador de configuração.

Os resultados mostram que o uso de um gerenciador de intercetação baseado em MUX. O sistema requer menos tabelas de pesquisa do que o gerenciador de intercetação baseado em ICAP, pois o caminho de dados é mais simples na variante ICAP. No entanto, o sistema de trap manager baseado em MUX utiliza mais recursos de slice do que o trap manager baseado em ICAP, uma vez que o sistema utiliza mais lógica para módulos definidos pelo utilizador. Finalmente, a latência é maior no caso do sistema gerenciador de intercetação baseado em MUX devido à sobrecarga de intercetação. No entanto, no sistema ICAP, apenas uma instrução definida pelo utilizador é configurada no sistema, e é também apenas se a instrução definida pelo utilizador não for a desejada que a reconfiguração é considerada. Note-se que o tempo indicado nesta tabela se aplica a toda a implementação, sem ter em conta o overhead de reconfiguração. Só com a introdução do gerenciador de armadilhas baseado no ICAP é que conseguimos executar o sistema na taxa de clock alvo de 50 MHz.

Para os módulos personalizados, o quadro seguinte apresenta o custo dos recursos.

Custom Module	Nr. Of LUT	Nr.of Slices	Latency (Max/av)ns	Bitstream size (KB)
CRC 32	43	18	8.038/3.597	282
Counting One	39	19	15.717/14.35	263
Leading Zero	19	15	9.723/3.597	293
Parity (XOR)	7	6	3.618/3.597	282

Quadro 7 Requisitos de recursos para módulos personalizados.

Os resultados do quadro 7 mostram os custos de aplicação das instruções personalizadas. No relatório intercalar, foi efectuada uma otimização manual do código para verificar se as ferramentas reconheciam ou não a otimização por si próprias, e o resultado mostra que as ferramentas não o fazem. Este ponto foi tido em conta aquando da implementação do módulo personalizado. Consequentemente, o resultado apresentado na Tabela 7 mostra uma melhor utilização dos recursos, do atraso e do tamanho do fluxo de bits para cada módulo personalizado após a otimização manual de cada módulo.

5.3 Avaliação

Desempenho do sistema

Todo o sistema, incluindo o controlador de configuração, pode funcionar a uma frequência de relógio do sistema de 50 MHz. O primeiro dos dois principais factores limitantes é que a CPU MIPS executa um trap quando ocorre uma exceção de comando definida pelo utilizador, e os traps têm uma pequena sobrecarga adicional que não ocorreria com uma implementação MIPS básica. O segundo fator é que o manipulador de trap representa o controlador de configuração que usa memória flash externa.

Um critério importante para a reconfiguração parcial é o tempo de reação que deve ser tido em conta no processo de reconfiguração. A troca de instruções leva obviamente um tempo considerável para carregar o fluxo de bits parcial correspondente no dispositivo a partir de uma memória SPI externa. Além disso, o tamanho do fluxo de bits teria influência na velocidade do módulo de configuração.

Em Fritzell (2013), o controlador de configuração para módulos móveis foi concebido para utilizar dois relógios, um a 50 MHz para a parte ligada ao barramento e outro a 100 MHz para a parte que efectua o processo de configuração. No nosso sistema, o gerenciador de trap será executado a 50 MHz, o que poderia diminuir a velocidade de configuração. Além disso, em Fritzell (2013), um módulo de descompressão é usado para descomprimir os dados de configuração no FPGA, o que acelera a reconfiguração. Portanto, o resultado que prevemos em termos de tempo de reconfiguração pode ser menor do que o obtido neste trabalho.

No entanto, existem algumas técnicas que podem ser aplicadas ao componente FPGA para otimizar o desempenho e o custo do sistema. Neste projeto, utilizámos a funcionalidade MultiBoot da FPGA, que é lenta, mas utiliza um chip de memória de configuração em série que é subutilizado na maioria dos sistemas de prototipagem de FPGA. Isto também permite que o armazenamento do fluxo de bits de configuração seja separado do resto da memória, o que melhora a segurança do sistema.

Técnicas de melhoria do desempenho

De um modo geral, as técnicas de desempenho podem ser divididas em: técnicas que não são específicas da FPGA, como a utilização do compilador e da memória, para citar algumas, e técnicas que são específicas da FPGA, como o aumento da frequência de funcionamento. Regra geral, dado que a otimização da velocidade de configuração é um objetivo típico, é raro que um programa inteiro seja direcionado para a memória externa (Fletcher, 2005), e se for esse o caso, deve ser considerada a utilização de outro relógio para acelerar o processo.

Comparação do sistema com um sistema real :

Processor	Processor Type	Device Family used	Speed(MHz) Achieved
PowerPC™ 405	hard	Vritex-4	450
MicroBlaze	soft	Vritex-II Pro	150
MicroBlaze	soft	Spartan-3	85
MIPS	soft	Spartan-6	50

Tabela 8: Comparação entre os processadores Xilinx Embedded com o nosso soft-core e os seus desempenho.

Os processadores incorporados disponíveis com as frequências máximas indicadas pelos fabricantes e o nosso núcleo de software, incluindo a extensão, com a sua frequência máxima estão resumidos na Tabela 8. Embora o processador MIPS seja o mais lento nesta tabela, poderá ter um desempenho superior aos outros devido à utilização de instruções personalizadas.

Aceleração de hardware

Um núcleo de software na FPGA permite ao programador encontrar uma solução de compromisso entre hardware e software para maximizar a eficiência e o desempenho. Se uma função de software tiver sido identificada como um estrangulamento de software, pode ser desenvolvido um módulo personalizado para essa função na FPGA. O módulo funciona então como um coprocessador ou, como no nosso caso, como uma extensão de instruções personalizada para o processador soft-core.

Uma forma de avaliar as instruções personalizadas na implementação de hardware é compará-las com implementações de software de funções que funcionam no ISA padrão da CPU MIPS. As funções de software usadas como referência podem ser encontradas em (Andersen, 2005). A avaliação de software para estas quatro funções, escritas em código C, é compilada para MIPS usando um compilador cruzado GCC. A desmontagem do código é utilizada para calcular o número de instruções que cada função consome. A Tabela 9 mostra quantas instruções da CPU são poupadas com a utilização de uma instrução definida pelo utilizador.

Software function	Instructions
CRC	262
Hamming weight	262
Leading Zero	294
Parity (XOR)	263

Tabela 9 Requisitos de software.

Capítulo 6

6 Conclusões e trabalhos futuros

6.1 Conclusões

O sistema é melhorado através do ciclo de vida apresentado na metodologia. O sistema final, uma vez efectuadas todas as melhorias, cumpre os objectivos mencionados no capítulo introdutório. Para além disso, a maior conquista é a aprendizagem progressiva dos conceitos básicos e das propriedades das FPGAs. Os capítulos anteriores descreveram em pormenor estes conceitos, os componentes e ferramentas necessários e a implementação de um sistema de RP totalmente funcional. A extensão do conjunto de instruções personalizado de um CPU MIPS, dinamicamente reconfigurável em tempo de execução, pode ser substituída no sistema. Os principais elementos do sistema implementado são os seguintes:

1. CPU MIPS.
2. Gestor de armadilhas, incluindo ICAP-Primitive.
3. Utilização da função MultiBoot para reconfiguração total e parcial.

6.2 Trabalho futuro

Podem ser introduzidas algumas melhorias no sistema finalmente implementado e estas podem ser consideradas em conjunto como uma fase de análise das necessidades para o ciclo de vida seguinte.

- Neste projeto, a plataforma utilizada foi a Nexys3. No entanto, a falta de interfaces externas levou a limitações na usabilidade deste dispositivo. A utilização de outra placa académica com funções de áudio e vídeo poderia mostrar a entrada e a saída do sistema e desenvolver um sistema digital completo com um processador softcore.
- O processador MIPS, utilizado como núcleo de software, é um processador muito simples que não funciona com pipelines e utiliza a BRAM como memória de programa e memória de dados.

  Estes poderiam ser melhorados com a implementação de um processador em pipeline, bem como com a implementação de um controlador de cache simples que poderia ser ligado à memória DDR. Isto poderia permitir a execução de programas maiores e o armazenamento de grandes estruturas de dados, tais como buffers de fotogramas.
- O sistema utiliza a função MultiBoot e a sequência de comandos enviados através da primitiva ICAP para suportar a repetição dos dados de configuração a partir da ICAP. No entanto, existem duas maneiras diferentes de ler e escrever dados de configuração do ICAP. Conforme ilustrado em (Fritzell, 2013), ao implementar a interface ICAP, "ou o relógio é deixado num estado de alternância e a ativação do relógio é utilizada para controlar a taxa de transferência, ou a ativação do relógio é mantida alta e o sinal do relógio é controlado para atingir a taxa de transferência desejada".

- Adicionar módulos avançados para comunicação através da porta COM.
- Medir o ciclo de relógio da reconfiguração utilizando o registo com um contador no Trap Manager para registar o número de ciclos de relógio desde o início do contador até à sua paragem.
- A placa Nexus3 tem um ecrã elétrico de sete segmentos que pode ser utilizado para testes.
- Podem ser utilizados vários benchmarks para avaliar o soft core na FPGA. O benchmark padrão é o Dhrystone MIPs (DMIPs), e o resultado deste benchmark pode então ser comparado com os resultados obtidos com o nosso sistema.

• Literatura

Andersen, S. E., 2005, *Bit Twiddling Hacks.* [Em linha].
Disponível em :
http://graphics.stanford.edU/~seander/bithacks.html#CountBitsSetNaive [acedido em 31 de agosto de 2015].

Beckhoff, C., Koch, D. & Torresen, J., 2012. Go ahead: Uma estrutura para reconfiguração parcial. *Máquinas de computação personalizadas programáveis em campo (FCCM), 2012 IEEE 20th Annual International Symposium,* pp. 37-44.

Bibda, C., 2007. *introduction to reconfigurable data processing: architectures, algorithms and applications.* s.l.:Springer.

Bobda, C., 2007. *introduction to reconfigurable data processing: architectures, algorithms, and applications.* s.l.:Springer.

Bobda, C., 2008. *Introdução ao processamento reconfigurável de dados.* Países Baixos: Springer .

Digilent, 2013. *Manual de referência da placa Nexys3™.* [Online]
Disponível em: https://www.digilentinc.com/Data/Products/NEXYS3/Nexys3 rm.pdf

Doulos.com, 2015. *Modelo simples de carneiro.* [Em linha]
Disponível em :
https://www.doulos.com/knowhow/vhdl designers guide/models/simple ram mod el/
[Acedido em 7 de agosto de 2015].

Elkateeb, A., 2011. um projeto de curso sobre design de processadores: criar um processador MIPS soft-core utilizando uma abordagem passo-a-passo para a integração de componentes. *Revista Internacional de Tecnologia da Informação e Educação,* 1(5), pp. 432-440.

Fletcher, B., 2005. *Processadores Embarcados FPGA Revelando o Verdadeiro Desempenho do Sistema. Em: Conferência de Sistemas Embarcados do Programa de Treinamento Embarcado...* [Online]
Disponível em :
http://www.xilinx.com/products/design resources/proc central/resource/ETP- 367paper.pdf
[Acedido em 14 de agosto de 2015].

Fritzell, A., 2013. *Um sistema de reconfiguração parcial dinâmica rápida com GoAhead Design e implementação.* Tese de mestrado: Universidade de Oslo.

Galuzzi, C. & Bertels, K., 2011. O problema da extensão do conjunto de instruções: um estudo. *ACM Transactions on Reconfigurable Technology and Systems, artigo 18,* 4(2).

Gebotys, C. H., 2012, A network flow approach to memory bandwidth utilization in embedded DSP core processors. *IEEE Transactions On Very Large Scale Integration (Vlsi) Systems,* 10(4), pp. 390-398.

Hansen, S. G., Koch, D. & Torresen, J., 2011. reconfiguração parcial do tempo de execução de alta velocidade com uma macro rígida icap alargada. Em: *Workshops de processamento paralelo e distribuído e icap hard macro.* Xangai: IEEE, pp. 174-180.

Hauck, S., 1998, Configuration prefetch for single context reconfigurable coprocessors (Pré-busca de configuração para coprocessadores reconfiguráveis de contexto único). In: *Proceedings of the 1998 ACM/SIGDA sixth international symposium on Field programmable gate arrays.* Nova Iorque: ACM, pp. 65-74.

Hauck, S. & Wilson, W. D., 1999. *Técnicas de compressão de comprimento de execução para configurações FPGA.* Napa Valley, IEEE.

Jo, J., 2013. *6 fases fundamentais do ciclo de vida de desenvolvimento de software (SDLC).* [Online] Disponível em: http://www.techknol.net/2013/04/software-development-life-cycle.html [Página acedida em 15 de agosto de 2015].

Koch, D., 2013. *partial reconfiguration on FPGAs: Architectures, tools and applications.* Nova Iorque: Springer.

Koch, D., Beckhoff, C. & Torreson, J., 2010. Integração de módulos parcialmente reconfiguráveis sem sobrecarga lógica. *Actas do 23.º simpósio sobre circuitos integrados e conceção de sistemas,* p. 103-108.

Kozyrakis, C. E. & Patterson, D. A., 2004. scalable vetor processors for embedded systems. *Micro, IEEE,* 23(6), p. 36-45.

Kuon, I. & Rose, J., 2007. Medir a diferença entre FPGAs e ASICs.... *IEEE Transactions on Computer-Aided Design of Integrated Circuits and Systems,* 26(2), pp. 203-215.

Lysaght, P. & Subrahmanyam, P. A., 2005. Introdução dos Editores Convidados: Advances in Configurable Computing (Avanços na Computação Configurável). *EEE Design & Test of Computers,* 22(2), pp. 85-89.

Miller, J., 2004. *The Chicago guide to writing about numbers.* Chicago: University of Chicago Press.

Minev, P. B. & Kukenska, V. S., 2007. *Implementação de processadores soft-core em FPGAs.* Gabrovo, Conferência Científica Internacional.

MIPS Technologies, 2003. *Arquitetura MIPS32™ para programadores Volume II: O conjunto de instruções MIPS32™.* [Online] Disponível em: http://www.cs.cornell.edu/courses/cs3410/2008fa/mips vol2.pdf [Acedido em 3 de agosto de 2015].

OutputLogic.de, 2013. *OutputLogic.com.* [Online] Disponível em: http://outputlogic.com/ [Acedido em 30 de agosto de 2015].

Pittman, R. N., Lynch, N. L. & Forin, A., 2006. *eMIPS, A Dynamically Extensible Processor,* Redmond: Microsoft Research.

Synopsys, 2010. *A SiliconBlue seleciona a Synopsys como parceiro de síntese de FPGA para a sua família iCE65 mobileFPGA.* [Online].
Disponível em: http://news.synopsys.com/index.php?s=20295&item=123144 [Acedido em 30 de março de 2015].

Tapp, S., 2010. *Configurando FPGAs Xilinx com Flash Serial SPI. 1ª edição [ebook] Xilinx.Inc* [Online]
Disponível em :
http://www.xilinx.com/support/documentation/application notes/xapp951.pdf [acedido em 1 de setembro de 2015].

Wold, A., Koch, D. & Torresen, J., 2012. *técnicas de conceção para melhorar o desempenho e a utilização de recursos de processadores de software reconfiguráveis.* s.l., IEEE, pp. 50-55.

Xilinx Inc, 2011. *Spartan-6 FPGA Block RAM Re-sources User Guide.* [Online]
Disponível em: http://www.xilinx.com/support/documentation/user guides/ug383.pdf [Acedido em 1 de agosto de 2015].

Xilinx Inc, 2015. *Guia do utilizador de configuração de FPGA Spartan-6.* [Online]
Disponível em: http://www.xilinx.com/support/documentation/user guides/ug380.pdf [Acedido em 11 de agosto de 2015].

Xilinx, 2012. *Guia do utilizador de configuração parcial.* [Online]
Disponível em :
http://www.xilinx.com/support/documentation/sw manuals/xilinx14 1/ug702.pdf [acedido em 1 de agosto de 2015].

Xilinx, 2013. *ISE Design Suite.* [Online]
Disponível em: http://www.xilinx.com/products/design-tools/ise-design-suite.html [Acedido em 1 de maio de 2015].

Yiannacouras, P., Steffan, J. G. & Rose, J., 2006. Adaptação específica da aplicação da microarquitectura do processador de software. *Actas da conferência de 2006 ACM/SIGDA 14th international symposium on Field programmable gate arrays,* p. 201-210.

```
library ieee;
use ieee.std_logic_1164.all;
use ieee.numeric_std.all;
use std.textio.all;

entity MIPS_CPU is
  port (
    clk          : in  std_logic;
    reset        : in  std_logic;
    WaitRequest : in  std_logic;
    D_write_en   : out std_logic;
    D_read_en    : out std_logic;
    I_ADR        : out std_logic_vector (31 downto 0);
    I_DATA       : in  std_logic_vector (31 downto 0);
    D_ADR        : out std_logic_vector (31 downto 0);
    D_W_DATA     : out std_logic_vector (31 downto 0);
    D_R_DATA     : in  std_logic_vector (31 downto 0);
    RES_0        : in  std_logic_vector(31 downto 0);
       opCode             : out std_logic_vector(5 downto 0);
       OP_A_c       : out std_logic_vector(31 downto 0);
    OP_B_c       : out std_logic_vector(31 downto 0);
       trap_start  : out std_logic;
    OP_A         : out std_logic_vector(31 downto 0);
    OP_B         : out std_logic_vector(31 downto 0));
end MIPS_CPU;

architecture a_MIPS_CPU of MIPS_CPU is

 type Instruction_type_type is (Undefined,R_type, ADDI, ADDIU, SLTI,
SLTIU, ANDI, ORI, XORI, LUI, J, BNE, BEQ, load, store, JAL, BRANCHES,
BGTZ, BLEZ, I_type_special_2);
  type PC_type is (Normal, branchs,Jumbs);
  signal Instruction_type         : Instruction_type_type;
  signal PCstate                  : PC_type;
  signal local_D_write_en         : std_logic;
  signal rs, rt, rd, sa           : std_logic_vector(4 downto 0);
  signal W_ADR                    : std_logic_vector(4 downto 0);
  signal R_DATA_A, R_DATA_B       : std_logic_vector(31 downto 0);
  signal ALU_out                  : std_logic_vector(31 downto 0);
  signal ALU_out64                : std_logic_vector(63 downto 0);
  signal PC, PC4, nextPC, branchPC,jumbpc : std_logic_vector(31 downto
0);
  signal RegFile_en               : std_logic;
  signal instr                    : std_logic_vector(5 downto 0);
  signal funct                    : std_logic_vector(5 downto 0);
  signal immediate, SL2immediate : std_logic_vector(31 downto 0);
  signal immediateU               : std_logic_vector(31 downto 0);
  signal immediateJ               : std_logic_vector(27 downto 0);
  signal BranchTaken, branching  : std_logic;
  signal JumpTaken, JumpTakenJR  : std_logic;
  signal idata                    : std_logic_vector(31 downto 0);
  signal HI, LO                   : std_logic_vector(31 downto 0);
  signal WaitRequest_i            : std_logic;
  signal WaitRequest_comb         : std_logic;
  signal mul_wait                 : std_logic;
  signal MTHI, MTLO               : std_logic;
  signal mul_taken                : std_logic;
  type   memtype is array (31 downto 0) of std_logic_vector(31 downto 0);
  signal RegFile : memtype := (others => (others => '0'));
```

```
begin
      OP_A_c      <= R_DATA_A;
      OP_B_c      <= R_DATA_B;
      opCode        <= funct;

-------------------------------------
--------REGISTER_FILE ---------------
------------------------------------

  p_write : process (clk)
  begin
    if clk'event and clk = '1' then

      if WaitRequest_comb = '1' then
        if RegFile_en = '1' and (W_ADR  /= (W_ADR'range => '0')) then

          if (Instruction_type = load) then
            RegFile(to_integer(unsigned(W_ADR))) <= D_R_DATA;
          else
            RegFile(to_integer(unsigned(W_ADR))) <= ALU_out;
          end if;
        end if;  -- RegFileEnable
      end if;  --Waitrequest
    end if;  --clk

  end process;
  R_DATA_A <= RegFile(to_integer(unsigned(rs)));
  R_DATA_B <= RegFile(to_integer(unsigned(rt)));


 OP_A <= R_DATA_A;
 OP_B <= R_DATA_B;
 --------------------------------------------
 ------------INSTRUCTION_DECODER-------------
 --------------------------------------------

  --setting idata to correct signals:
  idata <= I_DATA;
  funct <= idata(5 downto 0);
  instr <= idata(31 downto 26);
  rs <= idata(25 downto 21);
  rd <= idata(15 downto 11);
  rt <= idata(20 downto 16);
  sa <= idata(10 downto 6);
  --Immediate sign extended:
  immediate(31 downto 16) <= (others => idata(15));
  immediate(15 downto 0)  <= idata(15 downto 0);
  --Immediate unsigned:
  immediateU <= x"0000" & idata(15 downto 0);
  --Jump offset:
  immediateJ <= idata(25 downto 0) & "00";
  --Immediate sign extended and leftshift 2:
  SL2immediate <= immediate(29 downto 0) & "00";

  --Decoding instructions:

  p_INS_DECOER : process (instr)
```

```
  begin
     -----------R_TYPE
       if (std_match(instr, "000000")) then Instruction_type    <=
R_type;
    elsif (std_match(instr, "011100")) then Instruction_type <=
I_type_special_2;  -- I-type instruction SPECIAL 2 custom instruction

       ---------I_TYPE
    elsif (std_match(instr, "001001")) then Instruction_type <= ADDIU;
       elsif (std_match(instr, "001001")) then Instruction_type <= ADDIU;
    elsif (std_match(instr, "001000")) then Instruction_type <= ADDI;
       elsif (std_match(instr, "001011")) then Instruction_type <= SLTIU;
       elsif (std_match(instr, "001100")) then Instruction_type <= ANDI;
       elsif (std_match(instr, "001101")) then Instruction_type <= ORI;
       elsif (std_match(instr, "001110")) then Instruction_type <= XORI;
       elsif (std_match(instr, "001111")) then Instruction_type <= load;-
-LUI
       elsif (std_match(instr, "001010")) then Instruction_type <= SLTI;
-- slti
    elsif (std_match(instr, "101011")) then Instruction_type <= store;  -
- store instruction
    elsif (std_match(instr, "101000")) then Instruction_type <= store;  -
- store byte instruction
    elsif (std_match(instr, "100011")) then Instruction_type <= load;  --
load instruction
   -- elsif (std_match(instr, "100000")) then Instruction_type <= load;
-- load byte instruction
       ---------BRANCHES
    elsif (std_match(instr, "000100")) then Instruction_type <= BEQ;
       elsif (std_match(instr, "000101")) then Instruction_type <= BNE;
       elsif (std_match(instr, "000111")) then Instruction_type <= BGTZ;
       elsif (std_match(instr, "000110")) then Instruction_type <= BLEZ;
        elsif (std_match(instr, "000001")) then Instruction_type <=
BRANCHES;  -- BLTZ,BGEZ,BGEZAL,BLTZAL
       --------J_TYPE
    elsif (std_match(instr, "000010")) then Instruction_type <= J;  --
jump instruction
    elsif (std_match(instr, "000011")) then Instruction_type <= JAL;  --
jal (jump and link)
    else Instruction_type <= Undefined;
       report " +++ unimplemented instruction type !! ";
    end if;
  end process;
  ----------------------------------------------

  WaitRequest_i <= '0' when (mul_taken = '1' and mul_wait = '0') else
'1';
  WaitRequest_comb <= WaitRequest and WaitRequest_i;

  ----------------------for multiplication instructions 2 cycle
  InstMulreg : process(clk)
  begin
    if rising_edge(clk) then
      if MTHI = '1' then
        HI <= R_DATA_A;
      elsif mul_wait = '1' then
        HI <= ALU_out64(63 downto 32);
      end if;
      if MTLO = '1' then
        LO <= R_DATA_A;
      elsif mul_wait <= '1' then
```

```
        LO <= ALU_out64(31 downto 0);
      end if;
      if mul_taken = '1' and mul_wait = '0' then
        mul_wait <= '1';
      else
        mul_wait <= '0';
      end if;
    end if;
  end process;
-------------------------for sending the trap in case of custom
instructions
  process(Instruction_type, funct)
  begin
            if(Instruction_type = I_type_special_2)then
                  if (funct = "010000" or funct = "010001" or funct =
"100000" or funct = "100001") then --I:CUST
            trap_start  <= '1';
                  else
                        trap_start  <= '0';
                  end if;
            else
                  trap_start  <= '0';
            end if;
  end process;


  -------------------------------------------
  ------------- ALU ------------------------
  --------------------------------------------

  D_write_en <= local_D_write_en;
  D_ADR <= ALU_out;
  D_W_DATA <= R_DATA_B;

  ------
      p_ALU: process (PC, hi, lo, WaitRequest_comb ,RES_0,
Instruction_type, funct, instr, rt, rd, rs, sa, immediate, immediateU,
SL2immediate, R_DATA_A, R_DATA_B, ALU_out, ALU_out64, W_ADR)
  begin

      --initialising values:
      ALU_out <= (others => '0');
      ALU_out64 <= (others => '0');
      JumpTaken <= '0';
      BranchTaken <= '0';
      W_ADR <= (others => '0');
      RegFile_en <= '0';
      D_read_en <= '0';
      local_D_write_en <= '0';
      JumpTakenJR <= '0';
      MTHI <= '0';
      MTLO <= '0';
      mul_taken <= '0';

      case Instruction_type is
        when R_type =>   RegFile_en <= '1';
                         W_ADR <= rd;
          case funct is
```

```
            when B"00_00_00" => ALU_out <=
std_logic_vector(unsigned(R_DATA_B) SLL to_integer(unsigned(sa))); --
I:SLL
            when B"00_00_10" => ALU_out <=
std_logic_vector(unsigned(R_DATA_B) SRL to_integer(unsigned(sa))); --
I:SRL
            when B"00_01_10" => ALU_out <=
std_logic_vector(unsigned(R_DATA_B) SRL to_integer(unsigned(R_DATA_A)));
--I:SRLV
            when B"00_01_00" => ALU_out <=
std_logic_vector(unsigned(R_DATA_B) SLL to_integer(unsigned(R_DATA_A)));
--I:SLLV
            when B"00_00_11" => ALU_out <=
std_logic_vector(signed(R_DATA_B) SRL to_integer(unsigned(sa))); --I:SRA
            when B"00_01_11" => ALU_out <=
std_logic_vector(signed(R_DATA_B) SRL to_integer(unsigned(R_DATA_A)));
I:SRAV
            when B"10_10_10" => if signed(R_DATA_A) < signed(R_DATA_B)
then --I:SLT
                                    ALU_out <= x"00000001"; --I:SLT
                                else --I:SLT
                                    ALU_out <= (others => '0'); --I:SLT
                                end if; --I:SLT
            when B"10_10_11" => if unsigned(R_DATA_A) <
unsigned(R_DATA_B) then --I:SLTU
                                      ALU_out <= x"00000001"; --I:SLTU
                                   else --I:SLTU
                                      ALU_out <= (others => '0'); --I:SLTU
                                   end if; --I:SLTU
            when B"10_00_01" => ALU_out <=
std_logic_vector(unsigned(R_DATA_A) + unsigned(R_DATA_B)); --I:ADDU
            when B"10_00_00" => ALU_out <=
std_logic_vector(signed(R_DATA_A) + signed(R_DATA_B)); --I:ADD
            when B"10_00_10" => ALU_out <=
std_logic_vector(signed(R_DATA_A) - signed(R_DATA_B)); --I:SUB
            when B"10_00_11" => ALU_out <=
std_logic_vector(unsigned(R_DATA_A) - unsigned(R_DATA_B)); --I:SUBU
            when B"10_01_00" => ALU_out <= R_DATA_A and R_DATA_B; --I:AND
            when B"10_01_01" => ALU_out <= R_DATA_A or R_DATA_B; --I:OR
            when B"10_01_10" => ALU_out <= R_DATA_A xor R_DATA_B; --I:XOR
            when B"10_01_11" => ALU_out <= R_DATA_A nor R_DATA_B; --I:NOR
            when B"01_00_00" => ALU_out <= HI; --I:MFHI
            when B"01_00_10" => ALU_out <= LO; --I:MFLO
            when B"01_00_01" => MTHI <= '1'; --I:MTHI
            when B"01_00_11" => MTLO <= '1'; --I:MTLO
            when B"00_10_00" => JumpTakenJR <= '1'; --I:JR
                                RegFile_en <= '0'; --I:JR
            when B"00_10_01" => ALU_out <= std_logic_vector(unsigned(PC)
+ 8); --I:JALR
                                JumpTakenJR <= '1'; --I:JALR
            when B"00_10_11" => ALU_out <= R_DATA_A; --I:MOVN
                               if R_DATA_B = x"00000000" then --I:MOVN
                                  RegFile_en <= '0'; --I:MOVN
                               end if; --I:MOVN
            when B"00_10_10" => ALU_out <= R_DATA_A; --I:MOVZ
                               if R_DATA_B /= x"00000000" then --I:MOVZ
                                  RegFile_en <= '0'; --I:MOVZ
                               end if; --I:MOVZ
            when B"01_10_00" => mul_taken <= '1';
                                ALU_out64 <=
std_logic_vector(signed(R_DATA_A) * signed(R_DATA_B));
```

```
            when B"01_10_01" => mul_taken <= '1';
                              ALU_out64 <=
std_logic_vector(unsigned(R_DATA_A) * unsigned(R_DATA_B));
            when others => report " +++ unimplemented instruction type !!
";
          end case;
                        -------------------------------------------I_TYPE
        when ADDIU => RegFile_en <= '1'; --I:ADDIU
                      W_ADR <= rt; --I:ADDIU
                      ALU_out <= std_logic_vector(unsigned(R_DATA_A) +
unsigned(immediate)); --I:ADDIU
        when ADDI => RegFile_en <= '1'; --I:ADDI
                     W_ADR <= rt; --I:ADDI
                     ALU_out <= std_logic_vector(signed(R_DATA_A) +
signed(immediate)); --I:ADDI
        when SLTIU =>RegFile_en <= '1'; --I:SLTIU
                     W_ADR <= rt; --I:SLTIU
                    if unsigned(R_DATA_A) < unsigned(immediateU) then --
I:SLTIU
                        ALU_out <= (0 => '1', others => '0'); --I:SLTIU
                    else --I:SLTIU
                        ALU_out <= (others => '0'); --I:SLTIU
                    end if; --I:SLTIU
        when SLTI =>RegFile_en <= '1'; --I:SLTI
                    W_ADR <= rt; --I:SLTI
                    if signed(R_DATA_A) < signed(immediate) then --I:SLTI
                       ALU_out <= (0 => '1', others => '0'); --I:SLTI
                    else --I:SLTI
                       ALU_out <= (others => '0'); --I:SLTI
                    end if; --I:SLTI
        when ANDI =>RegFile_en <= '1'; --I:ANDI
                    W_ADR <= rt; --I:ANDI
                    ALU_out <= R_DATA_A and immediateU; --I:ANDI
        when ORI =>RegFile_en <= '1'; --I:ORI
                   W_ADR <= rt; --I:ORI
                   ALU_out <= R_DATA_A or immediateU; --I:ORI
        when XORI =>RegFile_en <= '1'; --I:XORI
                   W_ADR <= rt; --I:XORI
                   ALU_out <= R_DATA_A xor immediateU; --I:XORI

            ------------------------- load instruction
         when load =>
               RegFile_en <= '1';
          W_ADR <= rt;
        case instr is

          when B"10_00_11" =>
                                  ALU_out <=
std_logic_vector(signed(immediate) + signed(R_DATA_A)); --I:LW
                            local_D_write_en <= '0';
                                                         D_read_en<=
'1'; --I:LW

          when B"10_00_00" =>
                                  ALU_out <=
std_logic_vector(signed(immediate) + signed(R_DATA_A)); --I
                            local_D_write_en <= '0';
                                                            D_read_en <=
'1'; --I

          when B"00_11_11" =>
```

```
                              ALU_out <= immediate(15 downto 0) &
X"0000"; --I:LUI
                               local_D_write_en <= '0';
          when others => report " +++ unimplemented load instruction !!
";

        end case;
    ------------------------------------ store instruction
       when store =>
        case instr is
          -- ALU_out == address
          -- address = memory[base+offset], base 25-21, offset 15-0
          when B"10_10_11" =>  ALU_out <=
std_logic_vector(signed(immediate) + signed(R_DATA_A)); --I:SW
                                      local_D_write_en <= '1';

          when B"10_10_00" =>  ALU_out <=
std_logic_vector(signed(immediate) + signed(R_DATA_A)); --I:SW
                                      local_D_write_en <= '1';
                              report " +++ store byte executed as store
word !! ";
          when others => report " +++ unimplemented store instruction !!
";
        end case;

       ---------------------------------------------JAMP
        when J =>JumpTaken <= '1'; --I:J
        when JAL =>RegFile_en <= '1'; --I:JAL
                   W_ADR <= "11111"; --I:JAL
                   ALU_out <= std_logic_vector(unsigned(PC) + 8); --I:JAL
                   JumpTaken <= '1'; --I:JAL

       ------------------------------------------CUSTOMS

        when I_type_special_2 =>
                                     RegFile_en <= '1'; --I:?
                               W_ADR <= rd; --I:?
            if (funct = "010000"  or funct = "010001" or funct = "100000"
or funct = "100001") then --I:CUST
                  ALU_out <= RES_0; --I:CUST

                report " +++ not custom instruction type !! ";
                           end if;

      ------------------------------------------BRANCHES
        when BNE => if R_DATA_A /= R_DATA_B then --I:BNE
                       BranchTaken <= '1'; --I:BNE
                    end if; --I:BNE
        when BEQ => if R_DATA_A = R_DATA_B then --I:BEQ
                       BranchTaken <= '1'; --I:BEQ
                    end if; --I:BEQ
        when BGTZ =>if signed(R_DATA_A) > x"00000000" then --I:BGTZ
                       BranchTaken <= '1'; --I:BGTZ
                    end if; --I:BGTZ
        when BLEZ =>if signed(R_DATA_A) <= x"00000000" then --I:BLEZ
                       BranchTaken <= '1'; --I:BLEZ
                    end if; --I:BLEZ
        when BRANCHES => if rt = "00000" then
                           if signed(R_DATA_A) < x"00000000" then --I:BLTZ
                              BranchTaken <= '1'; --I:BLTZ
                           end if;
```

```
                        elsif rt = "00001" then --I:BGEZ
                            if signed(R_DATA_A) >= x"00000000" then --
I:BGEZ
                                BranchTaken <= '1'; --I:BGEZ
                            end if; --I:BGEZ
                        elsif rt = "10001" then --I:BGEZAL
                          W_ADR <= "11111"; --I:BGEZAL
                          ALU_out <= std_logic_vector(unsigned(PC) +
8); --I:BGEZAL
                            if signed(R_DATA_A) >= x"00000000" then --
I:BGEZAL
                                BranchTaken <= '1'; --I:BGEZAL
                            end if; --I:BGEZAL
                        elsif rt = "10000" then --I:BLTZAL
                          W_ADR <= "11111"; --I:BLTZAL
                          ALU_out <= std_logic_vector(unsigned(PC) +
8); --I:BLTZAL
                            if signed(R_DATA_A) <= x"00000000" then --
I:BLTZAL
                                BranchTaken <= '1'; --I:BLTZAL
                            end if; --I:BLTZAL
                        end if;
        ------------------------------------------
              when Undefined =>report " +++ undefined instruction !! ";
          when others =>report " +++ unimplemented instruction type !! ";
        end case;
    end process;

    ------------------------------------------------
    -------------------PROGRAM-COUNTER--------------
    ------------------------------------------------

   --Immediate sign extended and leftshift 2:
    SL2immediate <= immediate(29 downto 0) & "00";

                         nextPC <=     PC4  when PCstate= Normal else
                             branchPC when PCstate= branchs else
                                                     JumbPC when
PCstate=Jumbs else
                             PC4 ;
    ------------------------------------------
    I_ADR <= nextPC when WaitRequest_comb = '1' else PC;
    PC4 <= std_logic_vector(unsigned(PC) + 4);
    process (clk)
    begin
      if clk'event and clk = '1' then
        if WaitRequest_comb = '1' then
          if reset = '1' then
            PCstate <= Normal;
            PC <= X"BFC00000"; ---MIPS reset address
            branchPC <= X"BFC00000";  ---MIPS reset address
            JumbPC <= X"BFC00000";  ---MIPS reset address

          else
            PC <= nextPC;
                          --------------------------
            case PCstate is
              -- "Normal" state of PC:
              when Normal =>
                --If a branch is taken:
                if BranchTaken = '1' then
```

```
                PCstate <= branchs;
                branchPC <= std_logic_vector(signed(PC4) +
signed(SL2immediate));
              --If a jump is taken:
              elsif JumpTaken = '1' then
                                PCstate <= Jumbs;
                JumbPC <= PC4(31 downto 28) & immediateJ;
              -- If a jump from register is taken:
              elsif JumpTakenJR = '1' then
                                PCstate <= Jumbs;
                JumbPC <= R_DATA_A;
              else
                PCstate <= Normal;
              end if;
            -- branch and jumb state of PC:
            when branchs =>
              PCstate <= Normal;
                            when Jumbs=>
                            PCstate<=Normal;
            when others =>
              PCstate <= Normal;
          end case;-- case PCstate
            --------------------------------

        end if;--rest
      end if;--wait
    end if;--clk
  end process;
  -------------------------------

end;
```

Appendix B - Trap handler based on MUX

```
library IEEE;
use IEEE.STD_LOGIC_1164.ALL;
----------------------------------------------
entity trapHandler is
    Port (
              clk          : IN std_logic;
         -- clk100        : in std_logic;
         reset        : IN std_logic;
              address      : IN std_logic_vector(31 DOWNTO 0);
              opcode       : in std_logic_vector (5 downto 0);
              writedata    : IN std_logic_vector(31 DOWNTO 0);
         commandIn     : in  STD_LOGIC_VECTOR (31 downto 0);
              readdata     : OUT std_logic_vector(31 DOWNTO 0);
              WaitRequest  : in std_logic
               );
end trapHandler;

architecture Behavioral of trapHandler is
      component custom1_module is
  port ( data_in : in std_logic_vector (31 downto 0);
    crc_en , reset, clk : in std_logic;
    crc_out : out std_logic_vector (31 downto 0));
      end component;
      -------------------------------------------
      component custom2_module is
  port ( data_in : in std_logic_vector (31 downto 0);
    one_out : out std_logic_vector (31 downto 0));
      end component;
      -------------------------------------------
      component custom3_module is
  port ( data_in : in std_logic_vector (31 downto 0);
    parity_out : out std_logic_vector (31 downto 0));
      end component;
      -------------------------------------------
      component custom4_module is
  port ( data_in : in std_logic_vector (31 downto 0);
    zero_out : out std_logic_vector (31 downto 0));
      end component;
      -------------------------------------------
      signal reg        :std_logic_vector(31 downto 0);
      signal sel1             : std_logic;
      signal sel2             : std_logic;
      signal sel3             : std_logic;
      signal sel4             : std_logic;
      signal readdata1  : std_logic_vector(31 downto 0);
      signal readdata2  : std_logic_vector(31 downto 0);
      signal readdata3  : std_logic_vector(31 downto 0);
      signal readdata4  : std_logic_vector(31 downto 0);
----------------------------------------------
begin
 reg<=writedata;    --op_A and writedata

      inst1: custom1_module PORT MAP(
            data_in => reg,
            crc_en => sel1,
            reset => reset,
            clk => clk,
            crc_out => readdata1
```

```
        );
        ---------------------------------------------
        inst2: custom2_module PORT MAP(
              data_in => reg,
              one_out => readdata2
        );
        ---------------------------------------------
        inst3: custom3_module PORT MAP(
              data_in => reg,
              parity_out => readdata3
        );
        ---------------------------------------------
        inst4 : custom4_module PORT MAP(
              data_in => reg,
              zero_out => readdata4
        );
        ------------------------------------
        sel1  <= '1' when (opcode = "010000") else '0';
        sel2  <= '1' when (opcode = "100001") else '0';
        sel3  <= '1' when (opcode = "010001") else '0';
        sel4  <= '1' when (opcode = "100000") else '0';
        ------------------------------------
process(readdata1, readdata2, readdata3, readdata4, sel1, sel2, sel3,
sel4)
        begin
              if(sel1 = '1')then
                    readdata    <= readdata1;
              elsif(sel2 = '1')then
                    readdata    <= readdata2;
              elsif(sel3 = '1')then
                    readdata    <= readdata3;
              elsif(sel4 = '1')then
                    readdata    <= readdata4;
              else
                    readdata    <= (others => '0');
              end if;
end process;

end Behavioral;
```

Appendix C - Trap handler based on ICAP

```
--------------------------------------------------------------------------
---------
library IEEE;
use IEEE.STD_LOGIC_1164.ALL;
use ieee.std_logic_unsigned.all;


entity trapHandler is
    Port (
           opcode         : in std_logic_vector (5 downto 0);
           dataIn         : in  STD_LOGIC_VECTOR (31 downto 0);
           commandIn      : in  STD_LOGIC_VECTOR (31 downto 0);
           trap_start     : in std_logic;
           clk            : in  STD_LOGIC;
           rst            : in  STD_LOGIC;
           dataOut        : out  STD_LOGIC_VECTOR (31 downto 0));
end trapHandler;

architecture Behavioral of trapHandler is
      component custom_module is
      port ( data_in            : in std_logic_vector (31 downto 0);
             start , rst, clk   : in std_logic;
             CustomInstID       : out std_logic_vector (5 downto 0);
             done               : out std_logic;
             data_out           : out std_logic_vector (31 downto 0));
      end component;

      component ICAP_SPARTAN6 is
      port (
            clk   : in std_logic;
            ce          : in std_logic;
            WRITE : in std_logic;
            I           : in std_logic_vector(15 downto 0);
            O           : out std_logic_vector(15 downto 0);
            busy  : out std_logic
      );
      end component;


      signal start       : std_logic;
      signal custom_done : std_logic;

      TYPE st IS (st0, st1, st2, st3);
      SIGNAL currentState, nextState: st;

      signal command_register         : std_logic_vector(223 downto 0);
      signal command_register_reg     : std_logic_vector(223 downto 0);

      signal MB_StartAddr       : std_logic_vector(23 downto 0);
      signal FB_StartAddr       : std_logic_vector(23 downto 0);

      constant MB_StartAddr1    : std_logic_vector(23 downto 0):=
X"100000";
      constant MB_StartAddr2    : std_logic_vector(23 downto 0):=
X"200000";
      constant MB_StartAddr3    : std_logic_vector(23 downto 0):=
X"300000";
      constant MB_StartAddr4    : std_logic_vector(23 downto 0):=
X"400000";
```

```
	constant FB_StartAddr1	: std_logic_vector(23 downto 0):=
X"100000";
	constant FB_StartAddr2	: std_logic_vector(23 downto 0):=
X"200000";
	constant FB_StartAddr3	: std_logic_vector(23 downto 0):=X"300000";
	constant FB_StartAddr4	: std_logic_vector(23 downto 0):=
X"400000";

	signal custom_start	: std_logic;
	signal icap_datain	: std_logic_vector(15 downto 0);
	signal icap_dataout	: std_logic_vector(15 downto 0);
	signal icap_busy	: std_logic;
	signal icap_write	: std_logic;
	signal count		: std_logic_vector(3 downto 0);
	signal opcode1		: std_logic_vector(7 downto 0):= X"00";
	signal opcode2		: std_logic_vector(7 downto 0):= X"00";
	signal CustomInstID	: std_logic_vector(5 downto 0);


begin
--instantiate the ICAP module

	ICAP_inst: ICAP_SPARTAN6
	port map(
		clk	=> clk,
		ce		=> (not rst),
		WRITE => icap_write,
		I		=> icap_datain,
		O		=> icap_dataout,
		busy	=> icap_busy
	);
	--select ICAP write or read command
	icap_write	<= '1' when (currentState = st1) else '0';
	--send the data to the ICAP module from the command_register_reg
	icap_datain <= command_register_reg(223 downto 208);



	--implement a shift register to hold the command, which need to be
sent to the ICAP module
	process(clk,rst)
	begin
		if(rst = '0') then
			command_register_reg	<= (others => '0');
		elsif(rising_edge(clk))then
			if(currentState = st1)then
				--shift left, 16 places
command_register_reg	<= command_register_reg(207 downto 0) &
command_register_reg(223 downto 208);
			else
				command_register_reg	<= command_register;
			end if;
		end if;
	end process;
	--command, that is to be sent to the ICAP module
	command_register <=	X"FFFF" & X"AA99" & X"5566" & X"3261"
MB_StartAddr(15 downto 0) & X"3281" & opcode1 & MB_StartAddr(23 downto
16) & X"32A1" & FB_StartAddr(15 downto 0) & X"32C1" & opcode2 &
FB_StartAddr(23 downto 16) & X"30A1" & X"000E" & X"2000";
```

```
--Master bitstream address selection on the basis of the opcode

MB_StartAddr        <= MB_StartAddr1 when (opcode = "010000") else
                       MB_StartAddr2 when (opcode = "100001") else
                       MB_StartAddr3 when (opcode = "010001") else
                       MB_StartAddr4 when (opcode = "100000") else
                                         (others => '0');
--Feedback bitstream address selection on the basis of the opcode

FB_StartAddr        <= FB_StartAddr1 when (opcode = "010000") else
                            FB_StartAddr2 when (opcode = "100001") else
                            FB_StartAddr3 when (opcode = "010001") else
                            FB_StartAddr4 when (opcode = "100000") else
                                         (others => '0');

--assign nextState to the currentState on the clock edge
process(clk,rst)
begin
      if(rst = '0') then

            currentState       <= st0;

      elsif(rising_edge(clk))then

            currentState       <= nextState;
      end if;
end process;


--decide nextState on the basis of currentState, count, trap_start
and custom_done
process(currentState, count, trap_start, custom_done)
begin
      case (currentState) is
            --st0 is the reset state, here it will wait for the
trap_start signal
            when st0 =>
                  if(trap_start = '1')then
                  --if current loaded custom instruction is same as
the required one, then go to st2
                  --else go to st1
                        if(opcode = CustomInstID)then
                              nextState    <= st2;
                        else
                              nextState    <= st1;
                        end if;
                  else
                        nextState    <= ST0;
                  end if;
            when st1 =>
--in st1, the command to the ICAP module is sent in the 14 clock cycles
--here it will check the counter, if its equal to 13, then move to ST2
                  if(count = "1101")then
                        nextState    <= ST2;
                  else
                        nextState    <= ST1;
                  end if;
            when st2 =>
                  nextState    <= st3;
            when st3 =>
```

```
                --now start the custom module, to run the custom
command
                        if(custom_done = '1')then
                              nextState    <= st0;
                        else
                              nextState    <= st3;
                        end if;
                  when others =>
                        nextState    <= st0;
            end case;
      end process;
      --implement a counter, which is used while sending command to the
ICAP module
      process(clk,rst)
      begin
            if(rst = '0') then
                  count <= (others => '0');
            elsif(rising_edge(clk))then
            -- if currentState is st1, then count
                  if(currentState =  st1)then
                        count       <= count + '1';
                  else
                        count       <= (others => '0');
                  end if;
            end if;
      end process;



      --instantiate the custom instruction module
      inst1: custom_module PORT MAP(
        CustomInstID => CustomInstID,
            data_in => dataIn,
            start => start,
            rst => rst,
            clk => clk,
            done => custom_done,
            data_out => dataOut
      );
      --start the custom module, when state = st3
      custom_start      <= '1' when (currentState = st3) else '0';
      start <= custom_start when ((opcode = "010000") or (opcode =
"100001") or (opcode = "010001") or (opcode = "100000")) else '0';

end Behavioral;
```

Printed by Books on Demand GmbH, Norderstedt / Germany